国 家 精 品 课 程 配 套 用 教 材
国家示范性高等职业院校重点建设专业教材

路基工程施工技术

Luji Gongcheng Shigong Jishu

编 著 刘 志
主 审 刘创明

人民交通出版社

内 容 提 要

本书是国家示范性高等职业院校重点建设专业教材，全书共包括：路基施工准备工作、一般路基施工、路基排水工程施工、路基防护与加固工程施工、特殊路基施工、路基整修与交工验收六个学习情境。

本书为高职高专院校道路桥梁工程技术专业教学用书，也可作为相关专业工程技术人员的参考用书，或作为有关专业继续教育及职业培训教材。

图书在版编目(CIP)数据

路基工程施工技术/刘志编著．—北京：人民交通出版社，2010.7

国家精品课程配套用教材 国家示范性高等职业院校重点建设专业教材

ISBN 978-7-114-08613-7

Ⅰ．①路… Ⅱ．①刘… Ⅲ．①公路路基—工程施工—高等学校：技术学校—教材 Ⅳ．①U416.104

中国版本图书馆 CIP 数据核字(2010)第 161769 号

书　　名：国家精品课程配套用教材
国家示范性高等职业院校重点建设专业教材
路基工程施工技术

著 作 者：刘　志

责任编辑：戴慧莉　张　悦

出版发行：人民交通出版社

地　　址：(100011)北京市朝阳区安定门外外馆斜街 3 号

网　　址：http://www.ccpress.com.cn

销售电话：(010)59757973

总 经 销：人民交通出版社发行部

经　　销：各地新华书店

印　　刷：大厂回族自治县正兴印务(有限)公司

开　　本：787 × 1092　1/16

印　　张：9.75

字　　数：244 千

版　　次：2010 年 7 月第 1 版

印　　次：2019 年 1 月第 5 次印刷

书　　号：ISBN 978-7-114-08613-7

定　　价：22.00 元

序

《教育部关于全面提高高等职业教育教学质量的若干意见》(教高[2006]16号)明确指出:“高等职业教育作为高等教育发展中的一个类型,肩负着培养面向生产、建设、服务和管理第一线需要的高技能人才的使命”。探索类型发展道路、构建高技能人才培养模式、开发特色教学资源,是高职院校的历史责任。

2007年,贵州交通职业技术学院被列为国家示范性高等职业院校建设单位。国家示范性院校建设的核心是专业建设,而课程和教材又是专业建设的重要内容之一。如何通过课程的建构来推动人才培养模式的改革和创新?教材编写工作又如何与学校人才培养模式和课程体系改革相结合?如何实现课程内容适合高素质技能型人才的培养?这均是学院示范性建设中的重要命题。

令人欣慰的是学院教师历经3年的不断探索和实践,为学院示范建设作出了功不可没的成绩。其中教材建设就是部分成果的体现,也是全体专业教师、一线工程技术人员共同的智慧结晶和劳动成果。在这些教材中,既有工学结合的核心课程教材,也有专业基础课程教材。无论是哪种类型的教材,在编写中,学院都强调对教材内容的改革与创新,强调示范性院校专业建设成果在教材中的固化,强调教材为高素质技能型人才培养服务,强调教材的职业适应性。因为新教材的使用,必须根植于教学改革的成果之上,反过来又促进教学改革目标的实现,推进高职教育人才培养模式改革。

本教材与传统教材相比有如下三个方面的特点:

第一,该教材由原来传统知识体系的章节结构形式,改为工作过程的项目、模块结构形式;教材中的项目来源于岗位工作任务分析确定的工作项目所设计的教学项目,教材中的模块来源于完成工作项目的工作过程。

第二,教材的内容不再依据相关学科的理论知识体系,而来源于相应岗位的工作内容。教学内容的选取依据完成岗位工作任务对知识和技能的要求,建立在行业专家对相应岗位工作任务分析结果和专业教师深入行业进行岗位调研结果的基础上。注重学生实践训练、培养学生完成工作的能力。

第三,教材不再停留在对课程内容的直接描述,而是十分注重对教学过程的设计,注重学生对教学过程的参与。在教材的各个项目之前,一般都提出了该项目应该完成的工作任务,该任务可能是学习性的工作任务,也可能是真实的工作任务。

在这些教材的编写过程中，也倾注了相关企业有关专家的大量心血和辛勤劳动，在此谨向他们表示衷心的感谢！由于开发时间短，教学检验尚不充分，错误和不当之处难免，敬请专家、同行指教。

贵州交通职业技术学院教材编写委员会

2009.11.20

前　　言

《路基工程施工技术》是高职道路桥梁工程技术的专业核心课程。通过本课程的学习，使学生能够在掌握路基工程施工的基本知识、实践技能的基础上，具备路基施工和组织的能力以及运用国家现行施工规范、规程、标准的能力，提高解决路基工程问题的水平。

本教材由院校与企业（贵州省公路工程集团总公司）合作编写，以企业调研为基础，确定了路基施工的工作任务，明确了培养路基施工能力的学习目标。

本课程的设计，以培养路基施工能力为主线，将基于路基施工过程的系统化设计原则贯穿始终；以路基施工项目为导向，将路基施工项目分解为：路基施工准备工作、一般路基施工、路基排水工程施工、路基防护与加固工程施工、特殊路基施工、路基整修与交工验收六个情境进行内容安排。

本书由贵州交通职业技术学院刘志编著，卢斌、雷建海协助完成，在此，表示感谢。本书由云南交通职业技术学院刘创明担任主审。

本教材在编写过程中，参考和引用了大量有关文献资料，在此，对有关作者表示谢意。

由于编写时间和编写水平有限，本教材缺点及不当之处在所难免，敬请读者批评指正。

编　者

2010 年 5 月

目　录

引　　言

一、学习本课程后学生应具备的能力

1. 能说明路基施工中各个阶段的主要施工工艺流程；
2. 能比较各种施工方法的主要特点并进行选择；
3. 能说明各个施工过程中的要点并进行控制；
4. 能根据施工技术规范初步对每道工序的成品质量进行检查和控制；
5. 能进行常用的施工计算，确定施工过程中需要的各种数据；
6. 能进行路基工程的整修与交工验收。

二、本课程学习的主要内容

学习情境一：路基施工准备工作
教学目标： 能力目标——能全面看懂施工图纸并复核工程量；能进行路基施工前的复测工作；能编制路基实施性施工组织。 知识目标——了解路基施工图的组成并掌握工程量的计算方法；掌握路基复测的方法；掌握路基实施性施工组织的编制步骤。
教学内容： 1. 路基施工准备的内容； 2. 路基工程常用原材料的检测项目、检测方法； 3. 技术交底的内容； 4. 路基施工前复测的项目和方法； 5. 编制路基实施性施工组织的内容和步骤； 6. 路基试验段选择的方法和实施步骤。
学习情境二：一般路基施工
教学目标： 能力目标——能初步根据施工规范进行一般路基施工，并进行质量控制；能根据工程的特点合理选择施工机械并进行合理配置；能进行路基工程的变更、计量及中间检测。 知识目标——掌握路堤、路堑的施工工艺流程；掌握施工管理的程序和内业资料的整理。
教学内容： 1. 路基填筑的基本知识； 2. 路基填筑材料的试验检测； 3. 路基压实度、弯沉等试验检测； 4. 路基开挖的具体步骤； 5. 路基开挖爆破的施工安全知识； 6. 路基施工内业资料。

学习情境三:路基排水工程施工
教学目标: 能力目标——能对公路路基进行全面分析,采用合理的排水形式;了解涵洞的类型及结构组成,能根据施工规范进行不同类型涵洞的施工。 知识目标——掌握路基排水工程及涵洞工程的施工方法。
教学内容: 1. 路基排水的类型及构造; 2. 路基排水设施的施工工艺; 3. 涵洞的类型、结构组成及施工方法。
学习情境四:路基防护与加固工程施工
教学目标: 能力目标——能对公路路基进行全面分析,采用合理的防护与加固形式;能根据施工规范进行路基防护与加固工程的施工。 知识目标——掌握路基防护与加固工程的施工流程和具体内容。
教学内容: 1. 路基坡面防护形式及施工工艺; 2. 路基冲刷防护形式及施工工艺; 3. 路基抗滑防护形式及施工工艺。
学习情境五:特殊路基施工
教学目标: 能力目标——掌握特殊路基的类型;能根据工程地质条件确定合理的处治措施,掌握相应处治措施的施工工艺。 知识目标——掌握特殊路基的施工工艺。
教学内容: 1. 特殊路基的种类; 2. 软土路基的施工方法; 3. 膨胀土路基的施工方法; 4. 黄土路基的施工方法; 5. 盐渍土路基的施工方法; 6. 冻土路基的施工方法; 7. 潮湿地区路基的施工方法。
学习情境六:路基整修与交工验收
教学目标: 能力目标——掌握路基整修施工内容与施工方法;能组织路基交工验收准备和申请验收工作。 知识目标——掌握路基整修施工内容与施工方法。
教学内容: 1. 路基整修施工内容与施工方法; 2. 路基交工验收准备内容; 3. 填写交工验收申请书步骤。

学习情境一

路基施工准备工作

施工单位接受施工任务后，方可着手进行施工前的准备工作。在工程开工前，必须有合理的施工准备期。而且施工准备工作应有计划、有步骤、分阶段地贯穿整个工程项目的施工过程。随着工程的进展，在各分部、分项、工序工程施工之前，都要做好施工准备工作。

路基施工前的准备工作是保证路基施工顺利实施的基本前提。根据规定，如果施工前的准备工作经监理工程师审核后而未达到合同规定的要求，则不予批准开工。因此必须高度重视，认真对待。

路基施工准备工作的内容主要包括：组织准备、物质准备、技术准备和现场准备四个方面，见图1-1。

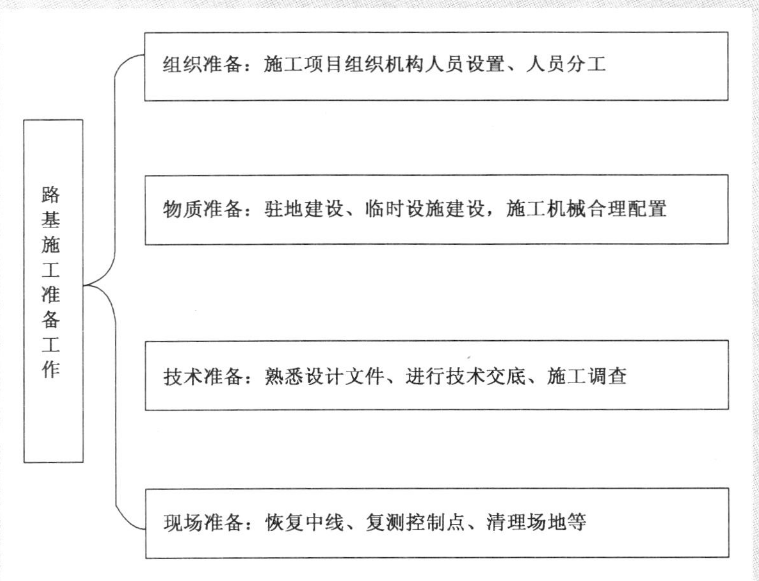

图1-1　路基施工准备工作

工作任务1.1　组织准备

学习目标

1. 叙述组织准备的内容；
2. 知道项目经理部的功能(作用)；
3. 了解项目经理部的机构设置。

任务描述

利用××在建公路路基施工组织准备文件、多媒体教学资源和教师的讲解,使学生掌握施工组织准备的内容。

学习引导

本工作任务沿着以下脉络进行学习：

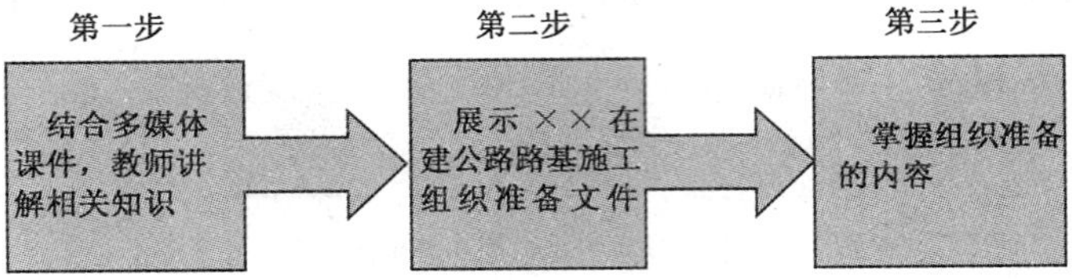

相关知识

组织准备工作包括施工组织机构人员设置、人员分工。

在整个工程项目施工之前,首先要建立一个能完成施工管理任务、项目经理指挥灵便、运转自如的高效项目组织机构——项目经理部。一个好的组织机构,可以有效地完成施工项目管理目标。

1. 项目经理部人员设置的原则

施工项目组织机构的人员设置,以能实现施工项目所要求的工作任务为原则,尽量简化机构,做到高效精干。人员配置要严格控制二、三线人员,力求一专多能、一人多职。同时还要增加项目管理人员的知识含量,着眼于使用和学习锻炼相结合,以提高管理人员素质。

2. 项目经理部组成及分工

根据工程的大小,一般项目经理部设置项目经理为工程的项目负责人,负责全面管理工作;项目总工程师负责工程的质量与技术管理工作;临时党支部负责安全生产、后勤服务等工作。项目经理部下设质检、工程技术、工程计划、机料、安全等管理部门。为便于组织施工及管理，在项目经理部的统一指挥下，按工程项目类别分别设路基土石方、排水及涵洞、防护工程等专业作业组（工区）。项目经理部机构配置见图 1-2。

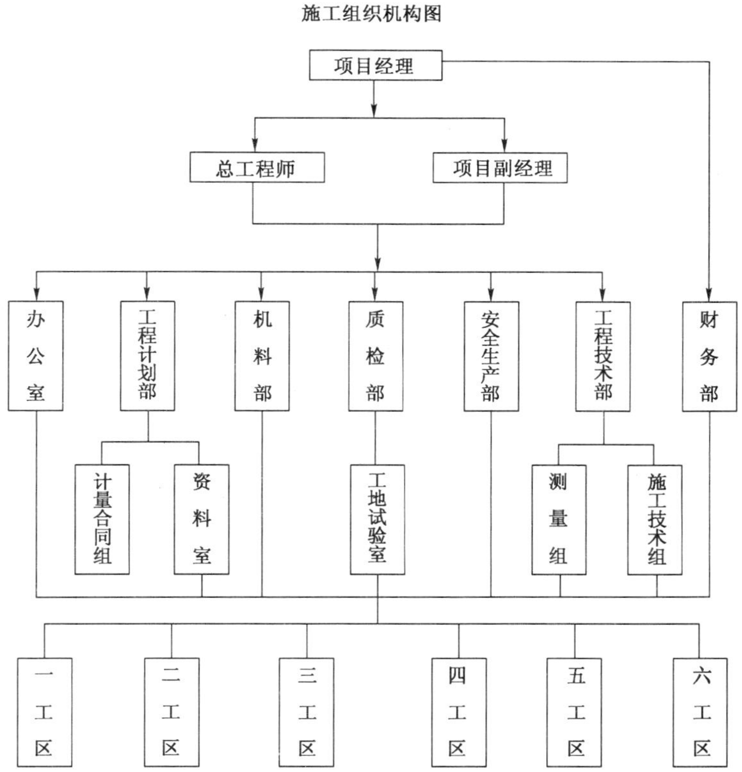

图 1-2　项目经理部机构配置示意

项目经理部的人数配置视工程规模的大小、难易程度而定，路桥专业技术人员一般公路按平均每人管理 3～5km，高速、一级公路按平均每人管理 1km 配置。

工作任务 1.2　物质准备

学习目标

1. 叙述物质准备的内容；
2. 了解驻地建设的内容；
3. 了解路基施工机械设备；
4. 了解路基施工的试验项目和检测项目。

任务描述

利用××在建公路路基施工物质准备文件、多媒体教学资源和教师的讲解，使学生掌握施工组织准备的内容。

学习引导

本工作任务沿着以下脉络进行学习：

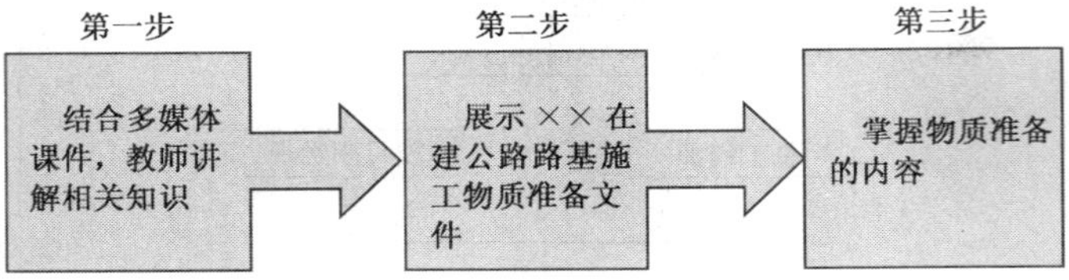

相关知识

物质准备工作主要包括驻地建设，路基施工机械设备及试验设备配置。

一、驻地建设

1. 驻地建设应设有职工宿舍、会议室、试验及测量用房、项目经理部各机构办公室、食堂等。

2. 根据工程规模可设置一个或多个预制场、搅拌站、材料库房等，见图 1-3、图 1-4。

图 1-3　搅拌站

图 1-4　材料库房

3. 驻地建设应满足消防安全的要求，并做好消防培训工作。

二、路基施工机械设备合理配置

路基施工机械（图 1-5）包括土石方机械和压实机械，主要有推土机、装载机、挖掘机、平地机、自卸车、压路机。在路基土石方施工时，合理配置施工机械是按时完成工程及获得经济效益的保障。

图 1-5　路基施工机械

路基土石方机械担负着开挖、铲装、运输、整平、压实的任务。石质路堑还需要各种型号的松土器、凿岩机等。路基土石方机械设备配置根据土质、工程数量、工期和运距等因素来确定。

常用路基土方机械及其适用性见表1-1。

常用路基土方机械及其适用性　　表1-1

序　号	机 械 名 称	适　用　性
1	挖掘机	挖软石以下硬度的各类土、石
2	装载机	挖普通土、装料
3	推土机	推软石以下硬度的各类土、石，100m推、运土
4	平地机	平整土石方

三、试验设备配置

工地试验设备为施工现场提供数据服务。配合路基施工，检测工地各种原材料、加工材料及结构性材料的物理力学性能，以及施工结构物的几何尺寸，见图1-6。

图1-6　路基现场检测

路基工程工地试验室进行试验、检测的项目见表1-2、表1-3。

路基土石方工程主要材料试验项目表　　表1-2

序　号	试 验 项 目	序　号	试 验 项 目
1	土的颗粒分析试验	4	击实试验
2	含水率试验	5	回弹模量试验
3	塑液限试验	6	CBR试验

路基工程主要检测项目　　表1-3

序　号	检 测 项 目	序　号	检 测 项 目
1	压实度检测	3	平整度检测
2	弯沉检测	4	外形尺寸、坡度、高程等检测

工地试验室所购置的各种重要试验、检测设备，应通过计量部门标定、交通质量监督部门认证合格后才能投入使用。工地试验室认证工作应在接到中标通知书后立即开始申办，并在工程开工前办理完毕各种证件。

工作任务 1.3　技术准备

学习目标

1. 叙述路基工程技术准备的内容；
2. 掌握路基工程技术交底的内容；
3. 了解路基工程施工调查的内容。

任务描述

利用××在建公路路基施工技术准备文件、多媒体教学资源和教师的讲解，使学生掌握技术准备的内容。

学习引导

本工作任务沿着以下脉络进行学习：

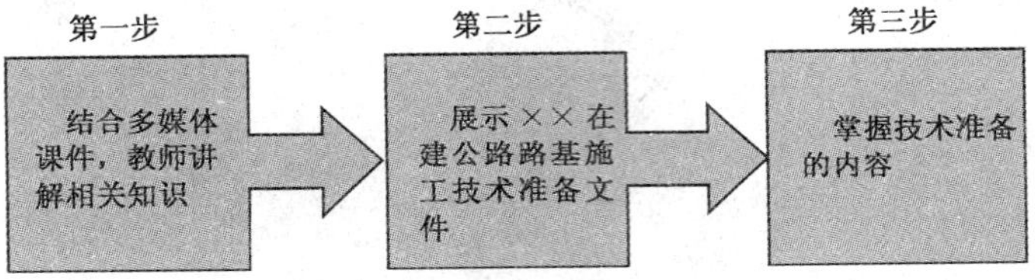

相关知识

技术准备工作的主要内容就是熟悉设计文件、进行技术交底和实施施工调查。

一、熟悉设计文件及技术交底

设计文件是组织施工的主要依据，熟悉、审核施工图纸是领会设计意图、明确工程内容、掌握工程特点的重要环节。施工单位在接到施工设计文件后，应立即组织有关技术人员对施工设计文件进行审核，充分领会设计意图，核对地形和地质资料。图纸会审要着重解决以下问题：

(1)核对设计是否符合施工条件；

(2)设计中提出的工程材料、工艺要求，施工单位能否实现和解决；

(3)设计能否满足工程质量及安全要求，是否符合国家有关规范和标准；

(4)设计图纸及说明是否齐全；

(5)设计图纸上的尺寸、高程、工程数量的计算有无差、错、漏、碰现象。

施工人员在熟悉设计文件和充分准备的基础上，需参加由业主召集设计、监理、施工单位组织的技术交底和图纸会审会。设计人员向施工单位讲清设计意图和施工的主要要求，施工人员应对图纸和有关问题提出质询，并由设计单位进行答复。对合理化建议应按程序进行变更设计或补充设计（表 1-4）。

××高速公路图纸审核及答复意见　　表 1-4

××高速公路 T14 合同段设计图纸答复意见			
设计单位：××交通规划勘察设计研究院			
序号	详细说明	所在图册	答复意见
1	现场清理合计数量与各段落计算总和不符	第 1 册	经核查，设计数量无误
2	无详细主动防护网设计图	第 2 册	本次施工图补充设计已作补充
3	路肩墙工程数量与 S3-2-30 中护肩墙工程数量表不符，且护肩墙参数不详	第 2 册	本次施工图补充设计已作修订
4	路肩墙顶防撞护栏每延米工程数量有误，每延米 C30 混凝土数量经计算为 0.63m^3，钢筋数量和计算混凝土数量与路基防护工程数量表不符，防撞墙宽度 50cm 与标准断面所标注的 75cm 冲突	第 2 册	本次施工图补充设计已作修订

设计图纸是施工的依据。施工单位和全体施工人员必须按图施工，未经业主和监理工程师同意，施工单位和施工人员无权修改设计图纸，更不能在没有设计图纸的情况下就擅自施工。

技术交底通常包括施工图纸交底、施工技术交底以及安全技术交底等。这项交底工作分别由高一级技术负责人、单位工程负责人、施工队长、作业班组逐级组织进行。

二、施工调查

路基施工准备阶段的施工调查，目的是为做好土石方调配和施工组织设计，主要包括以下内容（表 1-5）：

路基施工调查内容　　表 1-5

序号	调 查 内 容	序号	调 查 内 容
1	施工现场的供水、供电、施工便道的调查	4	路基周边既有的排水设施调查
2	既有管线、建筑物的调查	5	工区划分、队伍部署、驻地选择
3	取土、弃土调查		

工作任务 1.4　现场准备

学习目标

1. 叙述路基工程现场准备的内容；
2. 掌握路基土石方施工前复测的项目；
3. 掌握路基工程放样的内容；
4. 了解场地清理的工作内容。

任务描述

利用××在建公路路基施工现场准备文件、多媒体教学资源和教师的讲解，使学生掌握现场准备的内容。

学习引导

本工作任务沿着以下脉络进行学习：

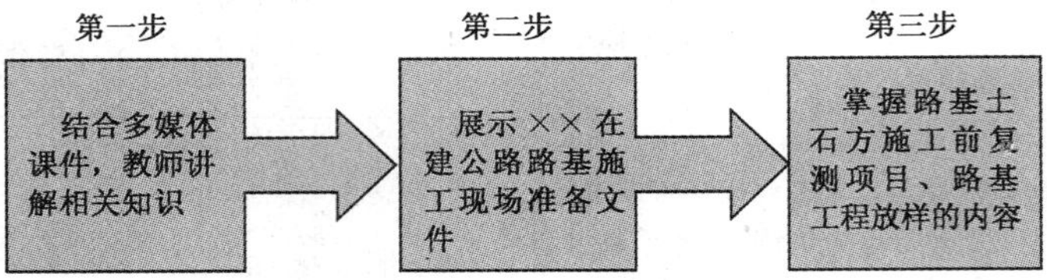

相关知识

现场准备工作包括：路基土石方施工前的复测、路基放样、清理场地。

一、路基土石方施工前的复测

路基土石方施工前复测的主要任务是复核设计文件所提供资料的准确性，尤其是工程量的误差百分比。

(1)复测的项目包括：导线点复测、水准点复测与加密、路线中桩位置(坐标)及高程复测、横断面地面线的复测。见图 1-7。

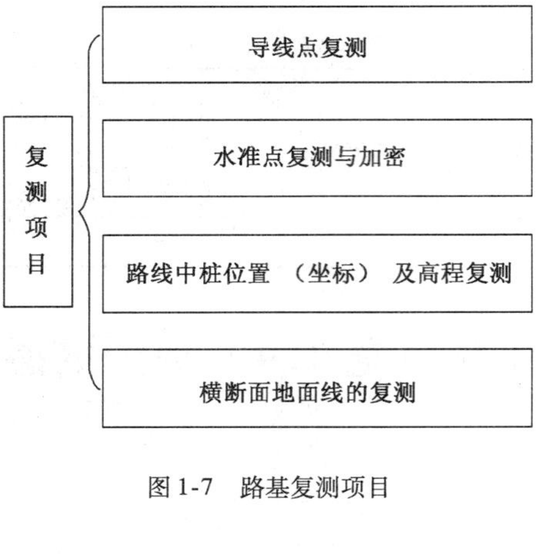

图 1-7　路基复测项目

(2)复测步骤见图 1-8。

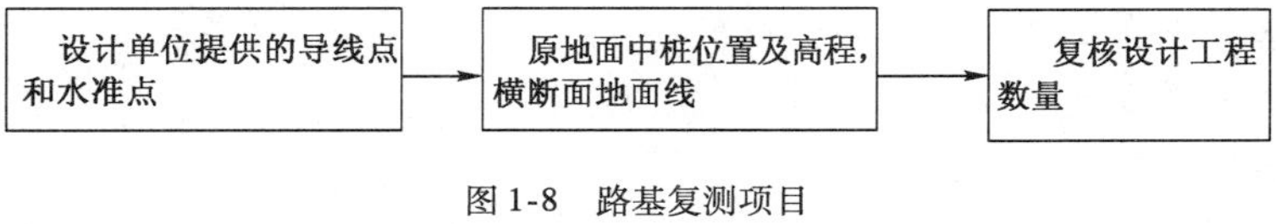

图 1-8　路基复测项目

复测结果与设计文件相差超过允许误差时，应及时向业主和监理报告，提出相应的处理措施。测量精度应满足公路测设规程，土石方数量相差10%以上时，应向业主提出变更要求。

有关导线点、水准点、路线中桩位置（坐标）及高程、横断面地面线的复测，路基施工技术人员应注意如表1-6所列的问题。

路基复测中应注意的问题 表1-6

导线复测	（1）应采用全站仪或其他满足测量精度的仪器
	（2）导线起讫点与设计单位测定结果相比较，测量精度应满足设计要求
	（3）必须和相邻施工段的导线点闭合
	（4）对有碍施工的导线点，应设护桩加以固定
水准点复测与加密	（1）水准点复测结果与设计单位测定结果相比较，测量精度应满足设计要求
	（2）必须和相邻施工段的水准点闭合
	（3）在人工结构物附近（如桥涵、隧道等）、高填深挖地段宜增设临时水准点
	（4）如发现个别水准点受施工影响时，应将其移出影响范围之外
中线复测	（1）高等级公路应采用坐标恢复中桩
	（2）应与独立施工的桥梁、隧道及相邻施工段的中线闭合
	（3）如发现原设计中线长度丈量错误或需要局部改线时，应作断链处理

（3）其他：

①对高速公路和一级公路，还要熟悉和掌握“逐桩坐标表”、“导线成果表”，因为它们是恢复中线的依据。

②所有测量成果应按合同规定提交监理工程师检核认可。

二、路基放样

路基施工前，应根据路基横断面设计图和路基设计表进行放样工作。路基放样的目的是在原地面上标示出路基的轮廓，作为施工的依据，其主要工作内容见表1-7。

路基放样内容 表1-7

序　　号	工 作 内 容
1	在路中线各桩位处标定填挖高度
2	确定横断面方向
3	按设计图纸在地面上定出横断面上的各主要点的位置，如：路堤坡脚、路堑坡顶等

三、清理场地

施工前应清除施工现场范围内所有阻碍或影响工程质量的障碍物，其具体工作内容如下：

1. 用地划界及房屋和其他建筑物的拆除

（1）公路用地的划界工作一般由建设单位（业主）完成。个别地段尚未划定的，施工单位应立即报告监理工程师，并会同建设单位尽快解决。

（2）施工单位在施工前对路基范围内既有的垃圾堆、有机杂质、淤泥、软土、草丛、各类溶穴、池塘应妥善处理。路基施工范围内的既有房屋、道路、河沟、通信电力设施、坟墓及其他建筑物，均应会同有关部门事先拆迁或改移。

2. 清除树木和灌木丛

在路基施工范围内，对妨碍视线和影响行车的树木和灌木丛，均应在施工前进行砍伐或移栽。砍伐后的树木应堆放在不妨碍施工的地方。

高等级公路、一级公路和路基填土高度小于1m的其他公路，应将路基范围内的树根全部挖除，并将坑穴填平夯实。采用机械化施工的路堑，均应将树根全部挖除。在填方和取土的地段应进行表面清理，清理的深度应根据种植土的厚度决定，清除的种植土应集中堆放，填方地段在清理完地表后，应整平压实到规定的要求，方可进行填方作业。

3. 施工场地排水

施工场地排水是指排除场地上所积的地面水，保持施工场地干燥，为施工提供正常的条件。通常设置纵、横排水沟，形成排水系统，将水引至附近沟渠、低洼处予以排出。

工作任务1.5　路基工程施工组织

学习目标

叙述路基工程施工组织的内容。

任务描述

利用××在建公路路基施工组织文件、多媒体教学资源和教师的讲解，使学生掌握路基施工组织的内容。

学习引导

本工作任务沿着以下脉络进行学习：

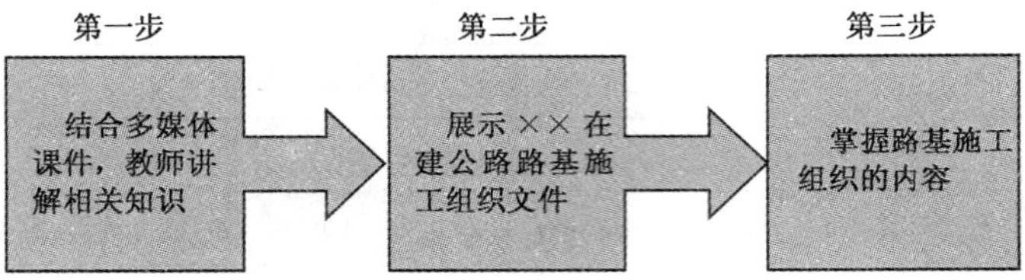

相关知识

施工组织设计的详细内容在《公路工程管理》已有叙述，这里仅就施工阶段路基施工组织设计应注意的问题做简单介绍。

一、编制依据

1. 设计文件及与业主签订的合同、招标文件、投标文件；

2. 施工合同规定的工期，开工日期及竣工日期；

3. 施工技术规范、规程及有关规定；

4. 主要设备和材料的采购合同及供应计划；

5. 施工现场调查资料；

6. 拟采用的新技术、新材料、新工艺、新设备等方案；

7. 已施工过的同类工程的施工进度及经济指标等。

二、编制原则

施工单位在编制路基施工组织设计过程中，应结合路基施工特点，遵守以下原则：

1. 严格执行工程建设程序和施工程序

施工阶段组织设计属于施工前准备工作的一项重要内容，要严格遵守合同签订的施工期限，按照基建程序和施工程序的要求，保质保量按时完成施工任务。

2. 保证重点、统筹兼顾

要对工程项目的所有内容分清轻重缓急，集中力量对在整个工程中起关键和控制作用的作业项目进行施工，避免拉长战线、分散资源、拖延工期。同时还要有全局观念，保证工程全线按期完成，迅速发挥投资效益，为后续施工创造良好条件。

3. 遵循工程的客观规律，科学合理地安排施工季节、程序和施工顺序

按照路基工程施工的客观规律安排施工顺序，可将整个项目划分为几个阶段，如：施工准备、土石方工程、排水工程、防护工程等。在各施工阶段之间合理搭接，在保证质量的基础上，根据当地的气候季节特点，合理安排施工进度计划，充分利用施工时间并保持均衡施工，尽可能缩短工期，加快施工进度。所以，必须处理好以下关系：

（1）施工准备与正式施工的关系。施工准备之所以重要，是因为它是后续施工能按时开始的重要条件。

（2）全场性工程与单位工程的关系。在正式施工时，应首先进行全场性工程的施工，然后按照工程的排序，逐个进行单位工程的施工。

（3）地下与地上的关系。在处理地下工程与地上工程时，应遵循“先地下、后地上”的原则。

（4）空间顺序与工种顺序的关系。在安排施工顺序时，既要考虑施工组织的空间顺序，又要考虑施工工艺的工种顺序。空间顺序要以工种顺序为基础，工种顺序尽可能为空间顺序提供有利的施工条件。

4. 应用科学的计划方法制订最合理的施工组织方案

根据工程特点和工期要求，尽可能采用平行流水作业施工方法，组织连续、均衡且有节奏的施工，保证人力、物力充分发挥作用。对于复杂工程，应用网络计划技术找出最佳的施工组织方案。

5. 采用先进的施工技术和设备，加强科学管理

在选择施工机械过程中要进行技术经济比较，充分利用现有的机械设备，使大型机械与中小型机械、机械化与半机械化结合起来，尽量扩大机械化施工范围，提高机械化程度。

6. 确保工程质量和施工安全

贯彻施工技术规范、操作规程，提出确保工程质量的技术措施和施工安全措施。

三、原始资料的调查分析

在编制实施性施工组织设计之前，应全面收集原始资料，做好如表 1-8 所列的调查工作。

原始资料调查 表 1-8

调 查 项 目	调 查 内 容
自然条件的调查	合同段内的地形、地貌、地质、水文、气候等条件
施工资源的调查	筑路材料、运输条件、当地劳动力、电力、供水等
承包人能力的调查	员工数量、类别、素质、施工机械装备等
社会调查	管线、文物古迹等

四、编制内容

一般来说，施工组织设计分为施工组织总设计和分部、分项工程施工组织设计，其具体内容如下：

1. 施工组织总设计内容

施工组织总设计是以整个路基工程为对象，根据设计图纸和施工现场条件编制的，用以指导施工全过程各项施工活动的技术经济的综合性文件。其主要内容见表 1-9。

施工组织总设计内容 表 1-9

序 号	施工组织总设计内容	序 号	施工组织总设计内容
1	工程概况	4	施工总进度计划
2	施工部署及主要构造物的施工方案	5	各项资源需要量计划
3	施工准备工作计划	6	施工总平面图

2. 分部、分项工程施工组织设计内容

这部分内容主要由项目总工负责编制。每个分部、分项工程的开工申请是呈送监理工程师报批的不可缺少的内容，主要内容见表 1-10。

分部、分项工程施工组织设计内容 表 1-10

序 号	分部、分项工程施工组织设计内容	序 号	分部、分项工程施工组织设计内容
1	分部、分项工程概况	5	人工、材料、机械计划
2	施工方法及施工机械的选择	6	施工平面图
3	施工进度计划	7	质量保证、安全、环保、文明施工等措施
4	施工安全计划		

五、施工进度计划的编制

施工进度计划是施工组织设计的主要内容。该计划应根据施工合同工期、施工组织、施工部署及施工顺序对所有的施工项目作出开工、竣工的时间安排，每项工程开工前应有充分的施工准备时间。编制步骤见图 1-9。

编制施工进度计划常用的方法有横道图法和网络图法。

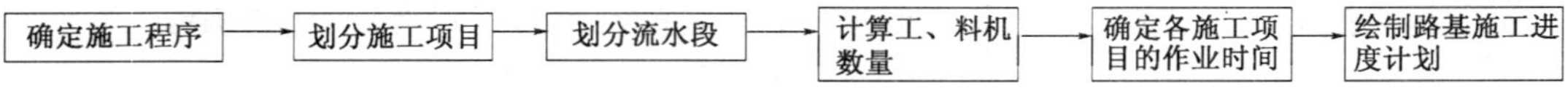

图 1-9 施工进度计划编制步骤

工作任务 1.6　路基试验段的选择与实施

学习目标

1. 掌握路基试验段的目的；
2. 掌握路基试验段的选择方法；
3. 掌握路基试验段的实施步骤。

任务描述

利用××在建公路路基试验段施工组织文件、多媒体教学资源和教师的讲解，使学生掌握路基路基试验段的选择与实施。

学习引导

本工作任务沿着以下脉络进行学习：

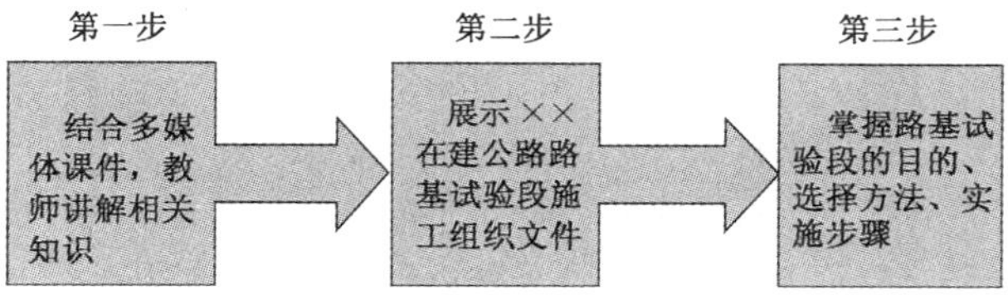

相关知识

在高等级公路路基施工前，应采用不同的施工方案做试验路段，从中选出最佳的施工方案指导全线施工，在路基工程中需做试验段的工程项目通常有路基填方和地基处理。

试验段必须在开工前编制施工组织设计，制订详细的施工方案。在整个试验段施工时，应加强对有关指标的检测，完工后及时写出试验报告，上报监理工程师审批。

一、试验段的选择

1. 试验段的选择

以路基填方为例，试验段的位置应选在地质条件、断面形式及工程要求均具有代表性的地段，长度大于100m，试验场地应尽量选在主线上，且施工方便。在试验段的选择过程中，要注意如表1-11所列的问题。

试验段的选择　　表1-11

序号	内　容	序号	内　容
1	距驻地近、地势平坦、交通方便、施工条件好的地段	3	土质较好且对今后施工具有广泛指导意义的地段
2	工程量集中、施工时间较长的地段		

2. 试验段的目的

试验段的目的时为了取得施工经验，检验施工机械组合，根据压实机械情况及施工技术规范允许情况下的压实厚度、松铺系数，确定松铺厚度、土的最佳含水率、碾压遍数等。将以上资料整理上报，经监理工程师批准后，作为以后施工的经验资料，以指导路基的填方施工。

二、试验段的实施

下面以路基填方试验为例，介绍其施工方案，见图1-10、图1-11。

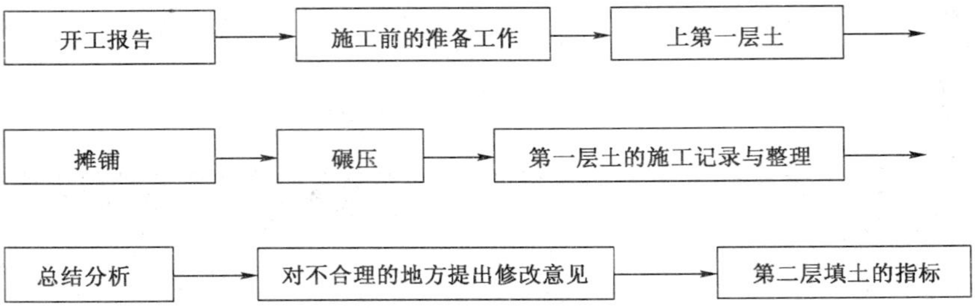

图1-10　试验段的实施步骤

图1-11　试验段的实施

当第二层填土完成后，按第一层的方法进行总结分析以确定第三层填土的各项指标。一般情况下，进行两次调整后就不需要再调整了。当填土的松铺厚度、含水率、碾压遍数指标稳定后，试验路段的目的就已达到，即可写出试验报告。

复习思考题

一、单项选择题

1. 高速公路平面控制测量采用(　　)。

A. 四等三角、导线　　B. 三级导线

C. 一级小三角、导线　　D. 二级小三角、导线

2. 高速公路、一级公路的中桩测量应采用(　　)。

A. 极坐标法　　B. 链距法

C. 支距法　　D. 偏角法

3. 高速公路、一级公路和填方高度小于(　　)的其他公路应将路基范围内的树根全部挖除并将坑穴填平夯实。

A. 1.0m　　B. 1.8m　　C. 2.5m　　D. 3.0m

二、多项选择题

1. 路基的基本类型有(　　)。

A. 挖方路基　　B. 填方路基

C. 半填半挖路基　　D. 不填不挖路基

E. 填石路基

2. 施工测量包括(　　)。

A. 导线复测　　B. 中线复测

C. 水准点复测　　D. 横断面检查与补测

E. 增加水准点

3. 高速公路、一级公路横断面测量可采用(　　)。

A. 水准仪—皮尺法　　B. 横断面仪法

C. 全站仪法　　D. 经纬仪视距法

E. 手水准皮尺法

三、简答题

1. 路基施工准备工作包括哪些内容？并作简要说明。

2. 施工时，如何进行路基放样？

3. 施工现场需做的准备工作内容有哪些？

学习情境二

一般路基施工

一般路基通常是指在正常的地质和水文等条件下,填方边坡高度或挖方边坡高度不超过规范允许范围的路基,见图 2-1。

图 2-1　一般路基

工作任务 2.1　填料的选择

学习目标

1. 了解路基填料的来源;
2. 掌握土质填料可用性的判断方法;
3. 掌握石质填料可用性的判断方法。

任务描述

利用××在建公路的路基施工案例、多媒体教学资源和教师的讲解,使学生掌握路基土质、石质填料的可用性判断方法。

学习引导

本工作任务沿着以下脉络进行学习：

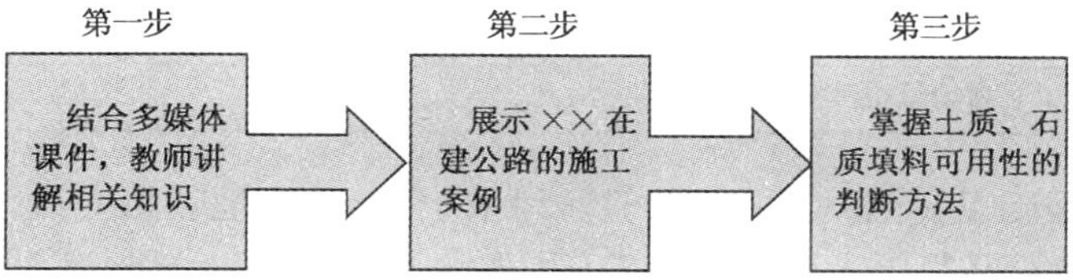

相关知识

路堤是由外材料填筑而成，填前的填料选择、基底状况、填筑方式等因素均会影响路堤质量，因此，在路基施工中必须对这些问题予以足够的重视。

填料的选择

1. 填料的来源

路基在填筑前，应对照设计文件，现场调查填料的来源、类型、可供开采的数量、上路桩号，并对填料进行试验，以判断填料的可用性。据此还可确定填料采用填土、填石或土石混填，用于哪一压实区域和填筑的厚度。填料的来源见图 2-2。

2. 填料可用性判断

1）土质填料可用性判断

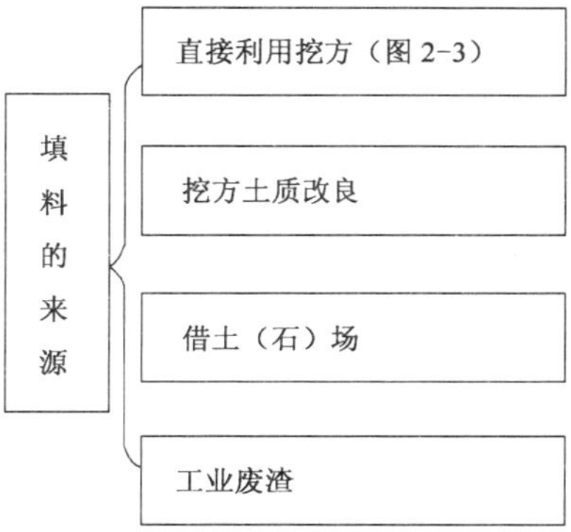

图 2-2　填料的来源

图 2-3　直接利用挖方

一旦确定采用土质填料后，通常应进行如表 2-1 所列的试验。

土质填料主要试验项目　　表 2-1

序号	主要试验项目	序号	主要试验项目
1	液限、塑限、塑性指数、天然稠度或液性指数试验	4	土的标准击实试验
2	颗粒大小分析试验	5	土的强度试验（CBR 值）
3	含水率试验		

根据试验结果，一般采用如表 2-2 所列方法判断土样是否可用于填筑。

土质填料可用性判断方法 表 2-2

序号	判断方法
1	液限是否大于 50，塑性指数是否大于 26，若超过此值，不能直接作为填料
2	土体密度是否大于 1.6g/cm³，如小于此值，不能直接作为填料
3	CBR 值是否达到 3%、5%、8% 等填筑分区填料的要求

同时《公路路基施工规范》（JTJ 033—1995）及《公路软土地基路堤设计与施工技术规范》（JTJ 027—1996）中对路基用土还有如表 2-3 所列的规定。

路基用土相关规定 表 2-3

序号	内容
1	路堤填筑材料不得使用淤泥、沼泽土、冻土、有机土、含草皮土、生活垃圾、树根、含有腐朽物质的土。采用盐渍土、黄土、膨胀土填筑路堤时，应遵照有关规定执行
2	液限大于 50、塑性指数大于 26 的土，以及含水率超过规定的土，不能直接作为路堤填料，需要应用时，必须采取满足设计要求的技术处理，经检查合格后方可使用
3	钢渣、粉煤灰等材料，可用作路堤填筑材料，其他工业废渣在使用前应进行有害物质的含量试验
4	捣碎后的种植土，可用于路堤边坡表层

各级公路的路基填筑材料的最小强度和最大粒径应符合如表 2-4 所列的规定。

路基填筑材料的最小强度和最大粒径的要求 表 2-4

项目分类（路面底面以下深度）		填料最小强度（CBR）（%）		填料最大粒径（cm）
		高速公路及一级公路	其他公路	
路堤	上路床（0～30cm）	8.0	6.0	10
	下路床（30～80cm）	5.0	4.0	10
	上路堤（80～150cm）	4.0	3.0	15
	下路堤（>150cm）	3.0	2.0	15
零填及路堑路床（0～30cm）		8.0	6.0	10

注：①其他公路做高级路面时，应按高速公路和一级公路得规定；
②表列强度按《公路土工试验规程》，对试样浸水 96h 的 CBR 试验方法测定；
③盐渍土、黄土及膨胀土的填料强度，分别按各自的规定办理。

2）石质填料可用性判断

根据《公路路基施工技术规范》（JTJ F10—2006）的规定，填石路堤的填料应符合如表 2-5 所列的规定。

填石路堤填料的要求 表 2-5

序号	内容
1	石料的抗压强度不应小于 15MPa
2	膨胀岩石、易溶性岩石不宜直接用于路堤填筑，强风化石料、崩解性岩石和盐化岩石不得直接用于路堤填筑
3	填料粒径应不大于 500mm，且最大粒径不宜超过层厚的 2/3
4	路床底面以下 400mm 范围内，填料粒径应小于 150mm
5	路床填料粒径应小于 100mm

工作任务 2.2　基底处理

学习目标

1. 掌握伐树、挖根及表土处理的施工要点；
2. 掌握路堤基底处理的施工要点；
3. 掌握路堤基底压实度的规定。

任务描述

利用××在建公路的路基施工案例、多媒体教学资源和教师的讲解，使学生掌握路堤基底处理的方法。

学习引导

本工作任务沿着以下脉络进行学习：

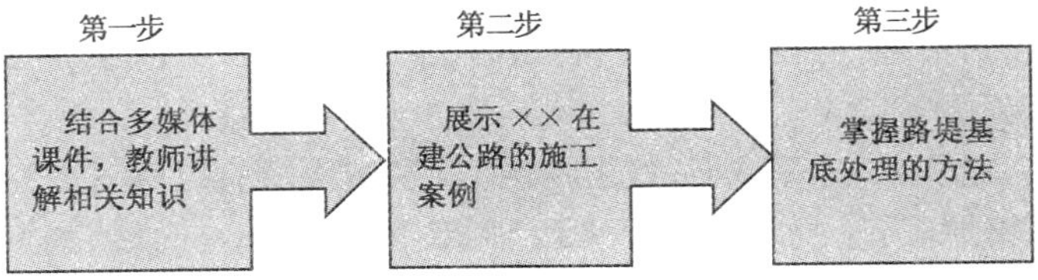

相关知识

路堤是在天然地基上人为构筑的土体，一般都是利用当地的土、石作为填料、按一定方案在原地面上填筑起来的。基底是指路堤填料与原地面接触的部分。为使两者结合紧密，避免路堤沿基底发生滑动和防止因草皮、树根腐烂而引起路堤沉陷，保证路堤具有足够的强度和稳定性，必须重视基底和填筑高度等情况，认真清除地表植被、杂物、淤泥和表土，处理坑塘，并对基底进行认真处理和压实，达到设计要求的压实度。

一、伐树挖根及表土处理的施工要点

路堤填筑时，如果不清除结合面的草木残株等有害于路堤稳定的杂物，路堤成形后，一旦杂物腐烂变质，地基将发生松软和不均匀沉降等现象。因此，在填筑之前必须做好伐树、挖根及表土处理工作。特别是当填筑高度小于 1m 时，应注意将路基范围内的树根、草丛等全部挖除。

如基底的表土为腐殖土，则需将其表土清除换填，厚度视具体情况而定，一般不小于 30cm，并予以分层压实，压实度应符合要求。伐树、挖根及表土处理工序见图 2-4。

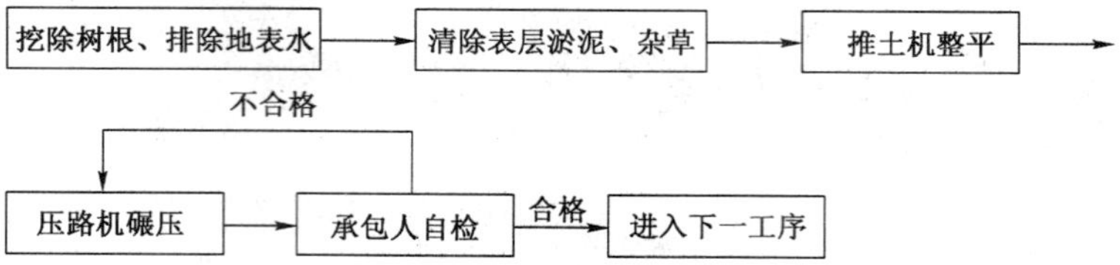

图 2-4　伐树、挖根及表土处理

二、路堤基底处理的施工要点

(1)在稳定的斜坡上基底的处理应符合下列要求:

①地面横坡缓于 1∶5 时,清除地表的草皮、腐殖土后,可直接在天然地面上修筑路堤。

②地面横坡为 1∶5～1∶1.25 时,在清除草皮杂物后,还应将原地面打成台阶,台阶宽度不小于2m,高度不小于0.5m,台阶顶面做成向内倾斜3%～5%的斜坡当基岩面上的覆盖层较薄时,宜先清除覆盖层再挖台阶,当覆盖层较厚且稳定时,可予以保留。

(2)路堤基底为耕地或松土时,应先清除有机土、种植土,平整后按规定要求压实。在深耕地段,必要时,应将松土翻挖,土块打碎,然后回填、整平、压实。

(3)路堤基底压实度应符合下列规定:

①二级及二级以上公路路段基底的压实度应不小于90%,三、四级公路应不小于85%;

②路基填土高度小于路面和路床总厚度时,应将地基表层土进行超挖并分层回填压实,其处理深度不应小于重型汽车荷载作用的工作区深度,基底的压实度不宜小于路床的压实度标准。

(4)原地面坑、洞、穴等,应在清除沉积物后,用合格填料分层回填分层压实,压实度符合第(3)条第①项的规定。

(5)泉眼或露头地下水,应采取有效的导排措施后方可填筑路堤。

(6)在稻田、湖塘地段,应视具体情况采取排水、清淤、晾晒、换填、加筋、外掺无机结合料及其他加固措施进行处理。

(7)地下水位较高时,应按设计要求进行处理。

(8)陡坡地段、土石混填地基、填挖界面、高填方地基等都应按设计要求进行处理。

工作任务 2.3　土质路堤填筑

学习目标

1. 掌握土质路堤的概念;
2. 掌握土质路堤施工程序及施工要点;
3. 掌握土质路堤施工质量标准。

任务描述

利用××在建公路的路基施工案例、多媒体教学资源和教师的讲解,使学生掌握土质路堤施工程序及施工要点、施工质量标准。

学习引导

本工作任务沿着以下脉络进行学习：

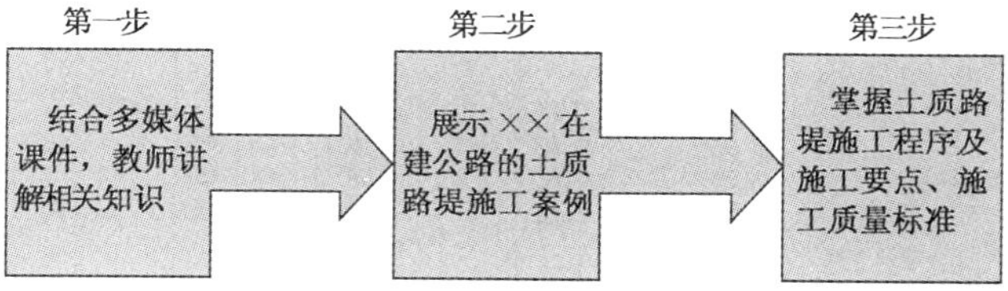

相关知识

一、概念

用粒径小于150mm且级配较好的砾类土、砂类土等粗粒土作为填料的路堤称为土质路堤。

二、施工程序及要点

1. 施工程序

路堤施工工艺是一种以工序管理为中心，以工作质量保工序质量、工序质量保工程质量的全面质量管理方法。

一般说来，路基填筑施工工艺应化分为三阶段、四区段、八流程。具体内容见表2-6。

土质路堤施工程序 表2-6

三阶段	施工准备阶段、施工阶段、整修验收阶段
四区段	填筑区、平整区、碾压区、检测区
八流程	施工准备阶段、基底处理、分层填筑、摊铺整平、洒水晾晒、碾压夯实、检验签证、路基整修

各区段或各流程只允许进行该段和该流程的作业，不允许几种作业交叉进行。每个区段的作业长度应根据机械的能力和数量来确定，为保证机械有足够的作业场地，每个区段长度不得少于40m。

路基填筑施工工艺流程见图2-5。

(1)施工准备阶段。测量放线，熟悉设计文件，组织技术人员学习施工技术规范，编制施工组织，做有关土工试验，准备检测设备。

(2)基底处理。基底处理应根据施工时的实际条件，按照设计文件和适当处理方法进行处理。

(3)分层填筑：

①填筑方法：采用横断面全宽、纵向水平分层填筑的方法。当原地面高低不平时，应先从最低处分层填筑，由两边向中心填筑。为保证全断面的压实一致，确保边坡质量，边坡两侧应各超宽填筑0.5~1.0m，竣工时刷坡整平。

②填筑程序：

A. 打网格：根据自卸车容量和堆土间距，将路堤划分为若干网格，见图2-6。

B. 路堤上料：根据松铺厚度和网格面积，计算上料数量，将土按梅花形均匀堆放在网格中，见图2-7。

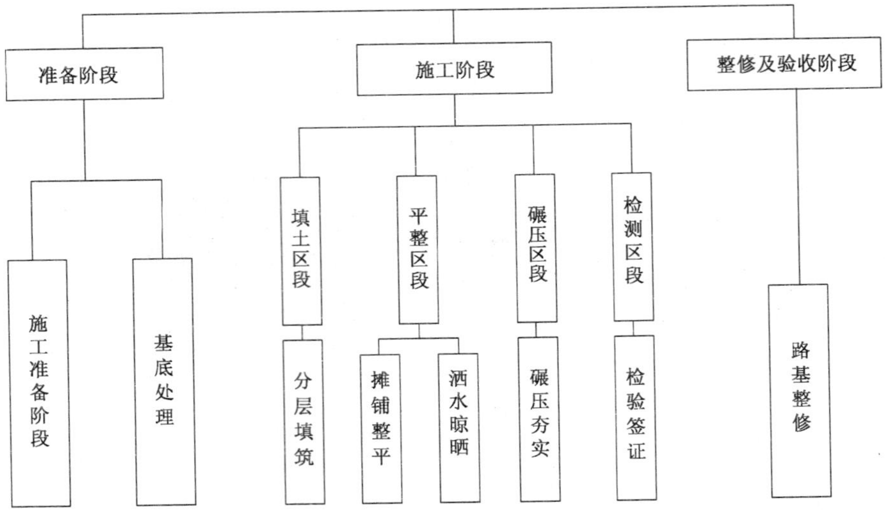

图 2-5　路基填筑施工工艺流程图

图 2-6　卸料网格

图 2-7　路堤上料

注意:用不同填料填筑路堤时,各种填料不得混杂填筑

(4)摊铺整平。填筑区段完成一层卸土后,先用推土机进行初平(图 2-8),再用平地机进行终平(图 2-9),做到填铺面在纵向和横向平顺、均匀,控制层面无显著的凹凸。

图 2-8　推土机进行初平

图 2-9　平地机进行终平

(5)洒水晾晒。当填料含水率较低时，应及时采取洒水措施，使含水率接近最佳含水率；当填料含水率过大时，应将填料运至路堤上进行翻挖晾晒，使含水率接近最佳含水率。

图 2-10　碾压夯实

(6)碾压夯实(图 2-10)：

①碾压前，应向有关人员进行技术交底，其内容包括碾压范围、碾压遍数、碾压速度等。

②碾压方法：根据实践经验，土基压实时，在机具类型、碾压遍数、填筑厚度已经选定的条件下，操作时宜先轻后重、先慢后快，先边缘后中间(对超高路段，则先内侧后外侧、先低后高)，前后两次的轮迹应重合 1/3，保持压实均匀，不漏压，对于压不到的边角，应辅以小型机具夯实。

③路基压实度应符合如表 2-7 所列的规定。

土质路基压实度标准　　表 2-7

填挖类型		路床顶面以下深度(m)	压实度(%)		
			高速公路、一级公路	二级公路	三、四级公路
路堤	上路床	0～0.30	≥96	≥95	≥94
	下路床	0.30～0.80	≥96	≥95	≥94
	上路堤	0.80～1.50	≥94	≥94	≥93
	下路堤	>1.50	≥93	≥92	≥90
零填及挖方路基		0～0.30	≥96	≥95	≥94
		0.30～0.80	≥96	≥95	

④压实度的检测(图 2-11)应符合以下规定：

A. 用灌砂法检测压实度时，取土样的底面位置为每一压实层底部；用环刀法试验时，环刀中部处于压实层厚的 1/2 深度；用核子仪试验时，应根据其类型，按说明书要求进行操作。

B. 施工过程中，每一压实层均应检测压实度，检测频率为 1 000m^2 时至少检测 2 点，不足 1 000m^2 时检测 2 点，必要时可根据需要增加检测点。

图 2-11　压实度现场检测

(7)检验签证。路基填土的检测应遵循分层填筑、分层压实、分层检测的原则，在压实度、填筑厚度、平整度、宽度、横坡达到规定要求后，予以签证，方能进行下一层填筑。

(8)路基整修：

①路堤按设计高程填筑完成后，应进行测量和整平。恢复中桩和边桩(图 2-12)，进行纵断高程测量，修筑路拱。

②依据边桩，结合设计坡率刷去超填部分边坡，进行整修拍实(图 2-13)，整修后的边坡应达到平直、顺适。

图 2-12　恢复中桩和边桩

图 2-13　边坡整修

2. 施工要点

土质路堤填筑应符合如表 2-8 所列的规定。

土质路堤填筑施工要点　表 2-8

项　目	内　容
施工方法	1. 分层填筑、分层碾压、分层检测
	2. 同一水平层路基的全宽应采用同一种填料，不得混合填筑
	3. 每种填料的填筑层压实后的连续厚度不宜小于 500mm
	4. 潮湿或冻融敏感性较小的填料应填筑在上层；强度较小的填料应填筑在下层；在有地下水的路段或临水路基地段，宜填筑透水性好的填料
	5. 在透水性不好的压实层上填筑透水性好的填料前，应在其表面设 2% ~4% 的双向横坡，并采取相应的防水措施
松铺厚度	每种填料的松铺厚度应通过试验段确定。高速公路、一级公路的分层最大松铺厚度一般不宜超过 30cm
几何尺寸	每一填筑层压实后的宽度不得小于设计宽度
接头处理	填方分几个作业段施工时，接头部位如不能交替填筑，则先填路段，应按 1∶1 分层留台阶；如能交替填筑，则应分层相互交替搭接，搭接长度不小于 2m

3. 土质路堤施工质量标准

路堤填筑至设计标高并整修完成后，其施工质量应符合如表 2-9 所列的规定。

土质路堤施工质量标准　表 2-9

项次	检测项目	规定值或偏差		
		高速、一级公路	二级公路	三、四级公路
1	压实度	符合规定	符合规定	符合规定
2	弯沉	不大于设计值	不大于设计值	不大于设计值
3	纵断高程(mm)	+10，-15	+10，-20	+10，-20
4	中线偏位(mm)	50	100	100
5	宽度	不小于设计值	不小于设计值	不小于设计值
6	平整度(mm)	15	20	20
7	横坡(%)	±0.3	±0.5	±0.3
8	边坡坡度	不陡于设计坡度	不陡于设计坡度	不陡于设计坡度

其中:弯沉检测见图 2-14。

图 2-14　弯沉检测

工作任务 2.4　填石路堤施工

学习目标

1. 掌握填石路堤的概念;
2. 掌握填石路堤施工程序及施工要点;
3. 掌握填石路堤施工质量标准。

任务描述

利用 × × 在建公路的路基施工案例、多媒体教学资源和教师的讲解,使学生掌握填石路堤施工程序及施工要点、施工质量标准。

学习引导

本工作任务沿着以下脉络进行学习:

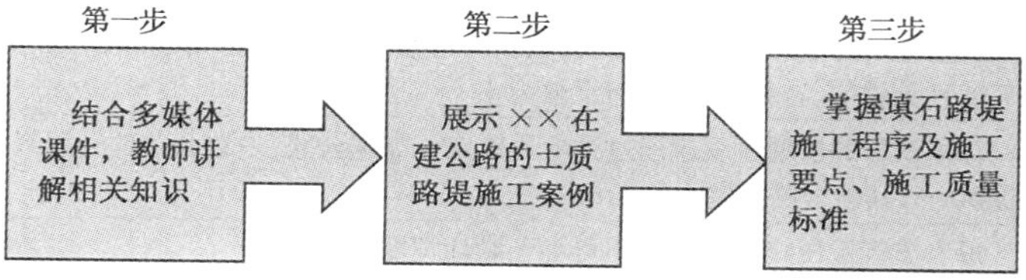

相关知识

一、概念

用粒径大于37.5mm且含量超过总质量70%的石料填筑的路堤。

二、施工程序及施工要点

填石路堤是利用开采的石料填筑路堤,它与填土路堤不同,主要是石料粒径大、强度高,填筑和压实都有特殊要求。

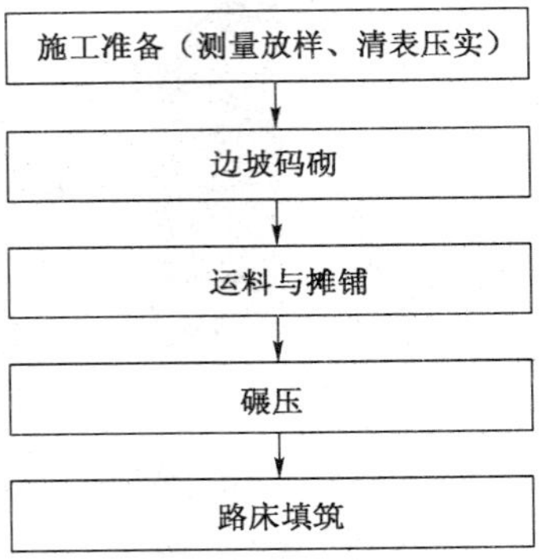

图2-15　填石路堤施工流程图

1. 施工程序

填石路堤施工流程图见图2-15。

(1)施工准备。首先进行施工放样,恢复中桩和边桩。清除填方范围内的草皮、树根、淤泥并整平压实,压实度不低于85%。

(2)边坡码砌。在填石路堤填筑前,要进行边坡码砌。码砌的石料应大于30cm且石质坚硬。石料尽量规则,石料之间应尽量紧贴、密实,石料之间无明显空洞、松动现象。

(3)运料与摊铺。在石质填料装运时,尽量使填料均匀,避免大粒径填料过分集中。卸料时,按水平分层,先低后高,先两侧后中间。填石路堤的堆料和摊铺同时进行,由大功率推土机向前摊铺。对大粒径的石块,要进行人工摆平,石块应贴紧底面且大面朝下。同一位置、大粒径的石块不能重叠堆放。对细料明显少的段落,应摊铺石屑料,石屑料应占粗集料的15%~20%,保证石屑料填满石块间的缝隙。

(4)碾压。对于填石路堤,由于粒料检没有粘聚力,主要靠粒料之间相互嵌锁、紧密咬合。所以,填石路堤要采用大吨位的振动式压路机。在施工中采用18t以上的振动式压路机。操作要求是:先静压一遍,再振压6~8遍,最后再静压一遍。碾压的顺序先压两侧后压中间,每次重合轮迹1/3。对于有明显空洞、孔隙的地方,补充细料后再碾压。

(5)路床填筑。填石路堤在距路床顶面50cm范围内,应按设计铺筑碎石过渡层,然后再进行路床的填筑。

2. 施工要点

填石路堤的施工应符合如表2-10所列的规定。

填石路堤施工要点　　表2-10

项　目	施工要点内容
施工方法	1. 分层填筑、分层碾压、分层检测
	2. 岩性相差大的填料应分层后分段填筑
	3. 严禁将软质石料与硬质石料混合填筑
	4. 边坡码砌宜与路基填筑同步进行
	5. 应使用重型压路机分层压实,压实时不断使用小石块、石屑填缝,直到压实层顶面稳定、不再下沉且无轮迹、石块紧密、表面平整为止
松铺厚度	每种填料的松铺厚度应通过试验段确定。高速公路、一级公路的分层最大松铺厚度一般不宜超过50cm,其他公路不宜大于1.0m
几何尺寸	每一填筑层压实后的宽度不得小于设计宽度

三、质量控制

填石路堤的施工质量控制主要由施工工序配合质量检测进行。在各个施工工序中，特别是对填料的最大粒径、压实厚度、碾压遍数、压实沉降差等，必须严格控制。

填石路堤成型后的外观质量应达到这些要求：路堤表面无明显孔洞，铁锹挖动困难；边坡码砌紧贴、密实，无明显孔洞、松动，砌块间承接面向内倾斜，坡面平顺。

工作任务2.5　桥、涵及构筑物的回填

学习目标

1. 掌握填料的选择；
2. 掌握填筑范围；
3. 掌握填筑方法。

任务描述

利用××在建公路的路基施工案例、多媒体教学资源和教师的讲解，使学生掌握桥、涵及构筑物回填的材料、填筑范围、填筑方法。

学习引导

本工作任务沿着以下脉络进行学习：

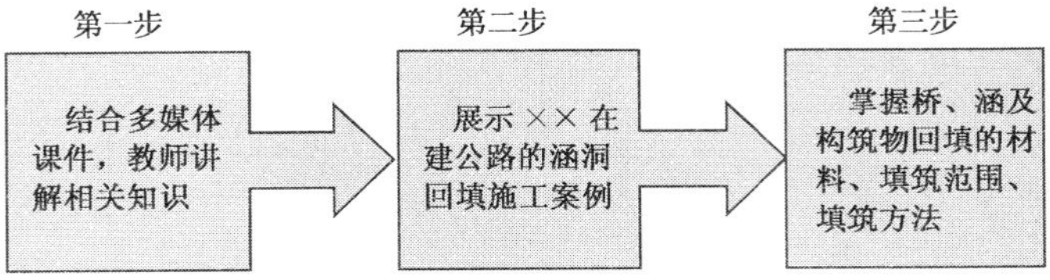

相关知识

构造物台背回填质量会直接影响路面质量，填筑质量不好便会出现沉降差，发生跳车现象，影响行车速度、舒适度与安全，甚至会影响构筑物的稳定。解决这一难题的关键是选择适当的填料及填筑方法。

1. 填料

应选择渗水性较强的砂石料，从路基底部一直填到结构顶部。涵洞填到盖板顶部；桥梁填到桥头搭板底部；挡土墙内侧填到路基底基层底面。

2. 填筑范围

图 2-16　涵洞台背填筑

桥梁台背后上部距翼墙尾端顺路线方向至少为台高加 2m，下部距基础内缘至少为 2m；涵洞两侧宽度不小于孔径的 2 倍；挡土墙内侧宽度不小于 50 ~ 80cm，见图 2-16。

3. 填筑方法

路堤土填筑完成以后，检查结合部位的压实度是否合格，然后挖成台阶，台阶高度小于 30cm 长度大于 50cm 分层填筑，压实。压实机具采用小型压路机或打夯机。

4. 填土时应从构造物两侧均衡填筑，避免对构筑物形成楔形压力。

应等构筑物混凝土强度达到至少 70% 时进行填筑。填筑高度应至少高出构筑物 50cm 以上，才可以从构造物上部通过车辆。

工作任务 2.6　高填方路堤

学习目标

1. 掌握高填方路堤的概念；
2. 掌握施工中应解决的问题。

任务描述

利用 × × 在建公路的路基施工案例、多媒体教学资源和教师的讲解，使学生掌握高路堤填方与一般路堤填方施工方法的区别。

学习引导

本工作任务沿着以下脉络进行学习：

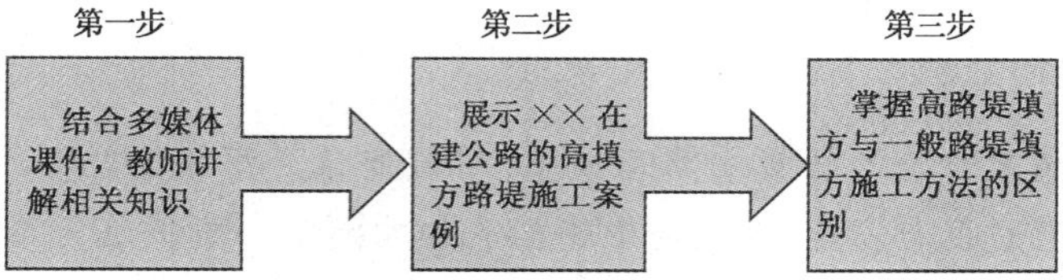

相关知识

高路堤是指填方高度大于 20 米的路堤见图 2-17。

高路堤施工时应着重解决四个问题(表2-11):

图2-17　高路堤

高路堤施工应注意解决的问题　　表2-11

问　　题	解 决 方 法
施工进度问题	由于采用的施工方法是分层填筑、分层压实、分层检测,工期随填筑高度的增加而增加。因此,高填方路堤宜优先安排施工
工后沉降问题	1. 注意地基承载力检测,如与设计文件不符时,及时采取加固措施 2. 采取冲击碾压的措施
路堤宽度问题	留足施工作业宽度,保证路基设计的边坡坡率,并进行动态监控
填料问题	优先采用强度高、水稳性好的材料或采用轻质材料

工作任务2.7　路基压实

学习目标

1. 掌握高路基压实的原理;
2. 掌握施工中应解决的问题。

任务描述

利用××在建公路的路基施工案例、多媒体教学资源和教师的讲解,使学生掌握路基压实的原理。

学习引导

本工作任务沿着以下脉络进行学习:

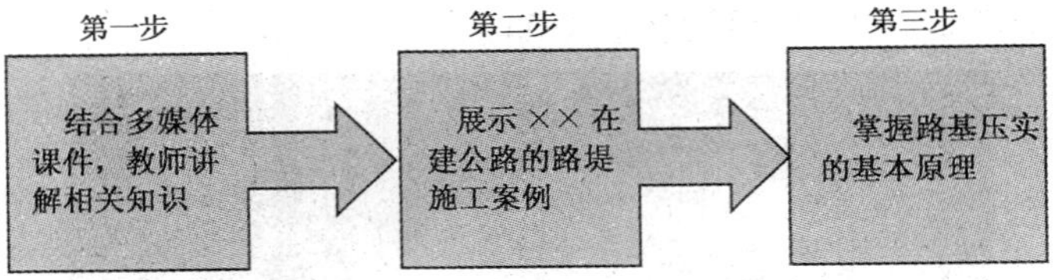

相关知识

路基压实是保证路基质量的重要环节，路堤、路堑和路堤基底均应进行压实且技术等级越高的公路，对路基的压实要求越严格。

路基压实的作用是提高填料的密实度，减小孔隙率，增强填料颗粒之间的接触面，增大凝聚力、嵌挤力，提高内摩阻力，减少形变，为路基的正常工作提供良好的基础。

一、土质路基的压实

土质路基的压实过程，其本质上是土体在压力作用下，克服土颗粒间的内聚力和摩擦力，使原有结构受到破坏，固体颗粒重新排列，大颗粒之间的间隙被小颗粒所填充，变成密实状态，达到新的平衡。在施工作业中，表现为土壤的体积被压缩，而达到一定程度后，这个过程不再持续，这是因为在颗粒重新排列后，土中气体被挤出，由快变缓最终趋于结束，这时，作用于土体的压力只能引起弹性变形，而压力过大时则可能使土壤产生剪切破坏，影响土体强度。

路基压实状况通常用压实度来表征。这里应注意的是，压实度与另一个概念密实度容易产生概念上的混淆。密实度亦称理论密实度，是指单位体积内固体颗粒排列的紧密程度，即土的固体体积率越大，土的干密度也越大，所以，有时也用干密度来表示土的密实度。但在物理意义上是有区别的。压实度是指土压实后的干密度与标准的最大干密度之比，用百分率表示，亦称干密度系数，或相对密实度。所谓标准的最大干密度，是指用标准击实试验方法，在最佳含水率条件下得到的干密度。

1. 影响压实效果的主要因素

影响路基压实效果的因素是多方面的，有内因也有外因，但与施工作业有关的主要因素有以下几点。

1）土的含水率

压实开始时，原状土相对湿度低，土颗粒之间的内摩阻力大，因而外力难以克服，故压实的干密度小，表现出土的强度高、密度低；当相对湿度缓慢增加时，水分在土粒间起润滑作用，压实的结果使被压材料（土粒）得以重新调整其排列位置，达到较紧密的程度，表现出密度增大，但与此同时，由于水的作用，内摩阻力有所减小，因而强度继续下降；当含水率继续增加，超过图中曲线顶点的最优值时，水的润滑作用已经足够，水分过多，使起润滑作用以外的多余水分进入土粒孔隙中，反而促使土粒分离而不易得到良好压实效果，从而降低了土的干密度；又由于土粒间距增大，内摩阻力与黏结力减小，使土的强度也随之减小，在压实曲线中出现驼峰形式。这就是说，在一定功能的压实作用下，含水率的变化会导致土的干密度随之变化，在某一含水率（最佳含水率）下，干密度达到最大值（最大干密度）。各种土的最佳含水率大小不同，一般来说，土在天然状态下的含水率值很接近于最佳含水率，因此在施工作业中，新卸土应当立即推平压实。

2）土的性质

不同土质的压实性能差别较大。一般来说，非黏性土的压实效果较好，而且最佳含水率较小、最大干密度较大，在静力作用下，压缩性较小，在动力作用下，特别是在振动作用下很容易被压实。黏质土、粉质土等分散性土的压实效果较差，主要是由于这些细分散性的土颗粒的比表面积大、黏聚力大、土粒表面水膜需水量大，最佳含水率偏高，而最大干密度反而偏小。

3）压实功能

压实功能是由碾压（或锤击）的次数及其单位压力（或荷重）所决定的，若在一定限度内增加压实功能，则可降低含水率数值，提高最佳密实度的数值。

土在不同压实功能作用下的压实性质是决定压实工作量和选择机具、选择施工方法的依据。事实上，对任何一种土，当密实度超过某一限值时，欲继续提高它的密实度，降低含水率值，往往需要增加很大的压实功能。而过分加大压实功能，不仅密实度增加幅度小，还往往因所加荷载超过土的抵抗力，即土受压部位承受压力超过土的极限强度，从而导致土体破坏。因此，对路基填土的压实，在工艺方法上要注意不使压实功能太大。

4）碾压时的温度

在路基碾压过程中，温度升高可使被压土中水的黏滞度降低，从而在土粒间起润滑作用，易于压实，但气温过高时，又会由于水分蒸发太快而不利于压实。温度低于0℃时，因部分水结冰，产生的阻力更大，起润滑作用的水更少，因而也得不到理想的压实效果。

5）压实土层的厚度

土受压时，能够以均匀变形的深度（即有效压实深度）近似地等于两倍的压模直径或2倍的压模与土接触表面的最小横向尺寸；超过这个范围，土受到的压力急剧变小，并逐渐趋于零，可认为此时土的密实度没有变化。

由此可知，土所受的外力作用随深度增加而逐渐减弱，当超过一定范围时，土的密实度将与未碾压时相同，这个有效的压实深度（产生均匀变形的深度）与土质、含水率、压实机械的构造特征等因素有关，所以正确控制碾压铺层厚度，对于提高压实机械生产率和填筑路基质量十分重要。

6）地基或下承层强度

在填筑路堤时，若地基没有足够的强度，路堤的第一层难以达到较高的压实度，即使采用重型压路机或增加碾压遍数，也只能是事倍功半，甚至使碾压土层出现“弹簧”现象。因此，对于地基或下承层强度不足的情况，填筑路堤时通常采取以下措施处理：

（1）填筑路堤之前应先碾压地基；

（2）若地基有软弱层，则应用砂砾（碎石）层处理地基；

（3）路堑处路槽的碾压，先应铲除30～40cm原状土层并碾压地基后，再分层填筑压实。

7）压实机具和碾压方法

压实机具和碾压方法对压实效果的影响反映在以下几个方面：

（1）压实机具不同，压力传布的有效深度也不同，一般来说，夯击式机具的压力传布最深，振动式次之，碾压式最浅。根据这一特性即可确定各种机具的最佳压实度。

然而，同一种机具的压实作用深度在压实过程中并不是固定不变的。如钢筒式压路机，开始碾压时，因土体松软，压力传布较深，但随着碾压次数的增加，上部土层逐渐密实，土的强度相应提高，其作用深度就逐渐减小了。

（2）压实机具的质量较小时，碾压遍数越多（即时间越长），土的密实度越高，但密实度的增长速度则随碾压迫数的增加而减小。并且密实度的增长有一个限度，达到这个限度后，继续以原来的施压机具对土体增加压实遍数则只能引起弹性变形，而不能进一步提高密实度（从工程实践来看，一般碾压遍数在小于或等于6遍时，密实度增大明显，6～10遍增长较慢，10遍以后稍有增长，20遍后基本不增长）。压实机具较重时，土的密实度随碾压迫数增加而迅速增加，但超过某一极限后，土的变形急剧增加而达到破坏，机具过重以至超过土的强度极限时，将引起土体的破坏。

2. 压实标准与碾压控制

1）压实标准

压实标准包括两个方面：一是确定标准干密度的方法；二是要求的压实度。

关于标准干密度的确定方法，过去沿用的"标准击实试验"是一种轻型击实方法，其试验结果与现代化施工机械能力和车辆载荷不相适应，目前推行的主要是与国外公路压实要求相同的重型击实试验法。土的最大干密度是土压实的主要指标，与路基的强度和稳定性有密切的关系，一般作为压实质量评价的依据。在路基压实施工中，由于受各种因素的影响和限制（气候、土的天然含水率等），所施工路基的实际干密度不能达到室内重型击实试验求得的最大干密度。但是为了保证压实质量的基本要求，必须规定压实后土基压实度范围。

2）路基压实工作的控制与检验

（1）确定不同种类填土的最大干密度和最佳含水率。

公路系带状构造物，一条公路往往连绵数十千米甚至上千千米。用于填筑路基的沿线土石材料的性质往往发生较大变化。在路基填筑施工之前，必须对主要取土场（包括挖方利用方）采取代表性土样，进行土工试验，用规范规定的方法求得各个土场土样的最大干密度和最佳含水率，以便指导路基的压实施工。

（2）检查控制填土含水率

由于含水率是影响路基土压实效果的主要因素，故需检测欲填入路基中的土的含水率，只有当含水率接近最佳含水率时，填筑碾压的质量才有保证。

3）正确选择和使用压实机械

（1）压实机械的选择。

压实机械的类型和数量选择是否恰当，直接关系到压实质量和工效。选择时应综合考虑以下几点：

①土的性质、状态。不同的压实机械对不同土质的压实效果不同。如对砂性土，以振动式机械效果最好，夯击式次之，碾压式较差；对黏性土，以碾压式和夯击式较好，而振动式较差甚至无效。压实机械的单位压力不应超过土的强度极限，否则会立即引起土基破坏。选择机械时，还应考虑土的状态及对压实度的要求，一般来说，土的含水率小、压实度要求高时应选择重型机械，反之可选轻型机械。

②压实工作面。当工作面较大时，可采用碾压机械；较狭窄时宜用夯实机械。

③机械的技术特性与生产率。选择机械类型、确定机械数量时应考虑与其他工序的配合，使机械的生产能力互相适应。

（2）注意事项。

为了能以尽可能小的压实功获得良好的压实效果，在压实机械的使用上应注意以下两点：

①压实机械应先轻后重，以便能适应逐渐增长的土基强度。

②碾压速度宜先慢后快，以免松土被机械推走，形成不适宜的结构，影响压实质量，尤其是黏性土，高速碾压时压实效果明显下降。通常压路机进行路基压实作业时行驶速度在4km/h

以内为宜。

此外，在路基土的压实中，除了运用不同性能的各种专用压实机械外，还应特别注意尽可能利用其他土方施工机械和运输车辆进行分层压实，有计划、有组织地利用运土车辆碾压填方土料。施工中要注意采用合理的技术措施，一般应控制填土厚度不大于0.25～0.30m，并用推土机或平地机细致平土，控制合适的含水率；同时，还要在机械的运行线路上使各次行程能大体均匀地分布到填土层表面，保证土层表面全部被压到。

4）分层填筑、分层碾压

（1）分层填筑。一方面要把握每层填土厚度的大小。填土层厚度过大，其深部不能达到要求的压实度；填土层厚度过小会影响工作效率和经济效益。一般认为，对于细粒土，用12～15t光轮压路机时，压实厚度不得超过25cm，用22～25t振动压路机时（包括液压振动），压实厚度不超过60cm。另一方面，每层填土应平整，且自中线向两边设置2%～4%的横向坡度，并及时碾压，雨季施工时更应注意。

（2）分层碾压。碾压前应对填土层的松铺厚度、平整度和含水率进行检查，符合要求后方可进行碾压。分层碾压的关键是控制碾压遍数，有条件的情况下，可通过试验性施工来确定达到设计密实度所需的碾压遍数。

在施工中，当含水率为最佳含水率时，还可采用下列经验值：对低黏质土，压实所需的碾压遍数平均为4～6遍；对黏质土，压实所需的碾压遍数平均为10～12遍。

一般压实遍数宜控制在10遍以内，否则应考虑减少填土层厚。经压实度检验合格后方可转入下道工序。不合格处应进行补压后再检验，一直达到合格为止。

5）加强质量检查

（1）填方地段基底。路堤填筑前应对基底进行压实。高速公路、一级公路和二级公路路堤基底的压实度不应小于85%，当路堤填土高度小于路床厚度（80cm）时，基底的压实度不宜小于路床的压实度标准。

（2）路堤。每一压实层均应检验压实度，合格后方可填筑其上一层。否则应查明原因，采取措施进行补压。检验频率为每2 000m^2检验8点，不足2 000m^2时，至少应检验8点，必要时可根据需要增加检验点，每点都必须符合规定值。

路床顶面压实完成后，还应根据《公路路基设计规范》（JTG D30—2004）进行弯沉值检验。

（3）路堑路床。零填及路堑路床的压实应符合其压实标准的规定。换填超过3m时，按90%的压实标准控制。

（4）桥涵处填土。桥台背后、涵洞两侧与顶部、锥坡背后的填土均应分层压实，分层检查，检查频率为每50m^3检验1点，不足50m^2时至少检验1点，每点都应合格，每一压实层松铺厚度不宜超过20cm。高速公路和一级公路的桥台、涵身背后和涵洞顶部的填土压实度，从填土基底或涵洞顶部至路床顶面均为95%，其他公路为93%，以确保不因密实度不足而产生错台，影响行车速度与安全。

桥涵处填土的压实采用小型的手扶振动夯或手扶振动压路机，但涵顶填土50cm内应采用轻型静载压路机压实，以达到规定的压实度为准。

二、填石路堤、土石混填路堤及高填方路堤的压实

1. 填石路堤

1）压实标准

填石路堤不能用土质路基的压实度来判定路基的密实程度，其判定方法目前国内外尚无统一规定。国外填石路堤曾采用在振动压路机的驾驶台上装设的压实计反映的计数值来判定是否达到要求的紧密程度，但无定量值的规定且只限于设有此种装置的压路机。我国现行《公路路基施工技术规范》(TJT—033)规定的压实标准为：在规定深度范围内，以12t以上振动压路机压实，当压实层顶面稳定，不再下沉(无轮迹)时，可判为达到密实状态。

2)压实方法及检查注意事项

填石路堤在压实之前，应用大型推土机摊铺平整。个别不平处应用人工配合以细石屑找平，使石块之间无明显高差台阶才便于压路机碾压，或使夯锤下坠到地面时，受力基本均匀，不致使夯锤倾倒。填石路堤填料石块本身是密实的不能压缩的，压实工作是使各石块间松散接触状态变为紧密咬合状态。由于石块粒径较大，质量较大，必须选择工作质量12t以上的重型振动压路机、工作质量在2.5t以上的夯锤或25t以上的轮胎压路机压(夯)实，才能达到规定的密实状态。

填石路堤应先压两侧后压中间，压实路线对于轮碾应纵向互相平行，反复碾压。压实路线对夯锤应成弧形，当夯实密实程度达到要求后，再向后移动一夯锤位置。行与行之间应重叠40～50cm，前后相邻区段应重叠1.0～1.5m，其余注意事项与土质路基压实相同。

填石路堤使用各种压实机具时的注意事项与压实填土路基相同，而填石路堤压实到所要求的紧密程度所需的碾压或夯压的遍数应经过试验确定。采用重锤夯实时，当重锤下落时不下沉而发生弹跳现象时，可进行压实度检验。

填石路堤顶面至路床顶面30～50cm(高速公路、一级公路为50cm，其他公路为30cm)范围内应填筑符合路床要求的土，并按要求进行压实。

2. 土石混填路堤

土石混填路堤的压实方法与技术要求，应根据混合料中巨粒土(粒径大于200mm的颗粒)的含量多少确定。当混合料中巨粒土含量多于70%时，其压实作业接近于填石路堤，应按填石路堤的方法和要求进行。当混合料中巨粒土的含量低于50%时，其压实作业接近于填土路堤，应按前述填土路堤的方法和要求进行。

土石路堤的压实度可采用灌砂法或水袋法检测。其标准干密度应根据每一种填料的不同含石量的最大干密度作出标准干密度曲线，然后根据从试坑中挖取的试样的含石量，从标准干密度曲线上查出对应的标准干密度。当采用灌砂法或水袋法检验有困难时，可根据填石路堤的规定进行检验，即通过12t以上振动压路机压实试验，当压实层顶面稳定，不再下沉(无轮迹)时，可判定为密实状态。

如果是几种填料混合填筑，则应从试坑挖取的试样中计算各种填料的比例，利用混合料中几种填料的标准干密度曲线查得对应的标准干密度，用加权平均的方法计算所挖试坑的标准干密度。

3. 高填方路堤

高填方路堤的基底承受路堤土本身的荷载很大，因此对基底应进行场地清理，并按照设计要求的基底承压强度进行压实。设计无要求时，基底的压实度不应小于90%。当地基松软仅依靠对厚土压实不能满足设计要求的承压强度时，应进行地基加固处理，以达到设计要求；当基底处于陡峻山坡上或谷底时，应按照有关规定进行挖台阶处理，并严格分层填筑压实；当场地狭窄时，压实工作应采用小型的手扶式振动压路机或振动夯进行；当场地较宽广时，应采用自行式自重是12t以上的振动压路机碾压。

工作任务2.8　挖方路基施工

学习目标

1. 掌握土质路堑施工方法及施工要点；
2. 掌握石质路堑施工方法及施工要点；
3. 掌握深挖路基施工方法及施工要点。

任务描述

利用××在建公路的路基施工案例、多媒体教学资源和教师的讲解，使学生掌握路堑及深挖路基的施工方法及施工要点。

学习引导

本工作任务沿着以下脉络进行学习：

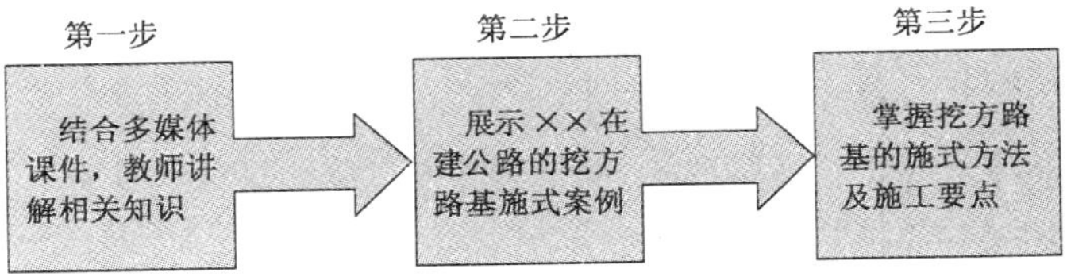

相关知识

一、土方路堑施工

土质路堑施工，除需考虑地形条件采用的机械等因素外，还需考虑涂层的分布及利用。在路基开挖前，应做好现场伐树除根等清理工作和排水工作。如果移挖作填时，还应将表土单独挖除，以满足路堤填筑的要求。土质挖方路基的开挖方法根据挖方深度、纵向长度及现场施工条件，可用以下几种方法。

路堑的开挖方法：横向挖掘法、纵向挖掘法和混合式挖掘法。

①横向挖掘法包括适用于挖掘浅且短的路堑的单层横向全宽挖掘法和适用于挖掘深且短的路堑的多层横向全宽挖掘法；

②纵向挖掘法具体方法有分层纵挖法、通道纵挖法、分段纵挖法见图2-18；

③混合式挖掘法为多层横向全宽挖掘法和通道纵挖法混合使用见图2-19。

二、土方路堑施工应注意的问题

1. 土方开挖要求

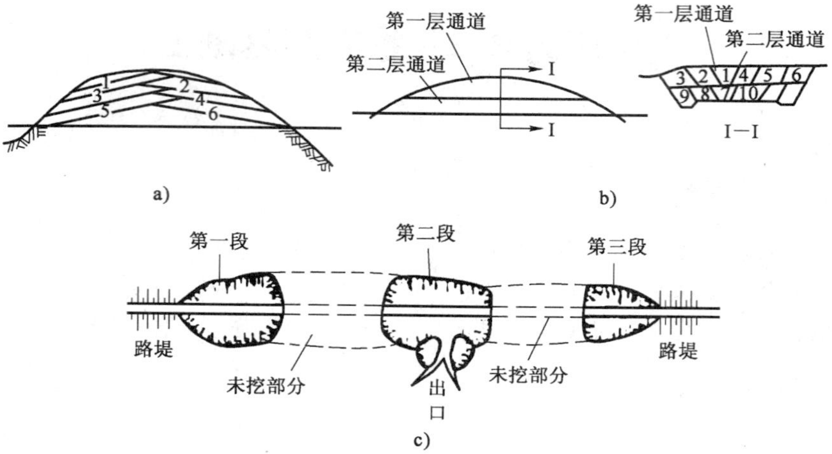

图 2-18　纵向挖掘法

a)分层纵挖法;b)通道纵挖法;c)分段纵挖法

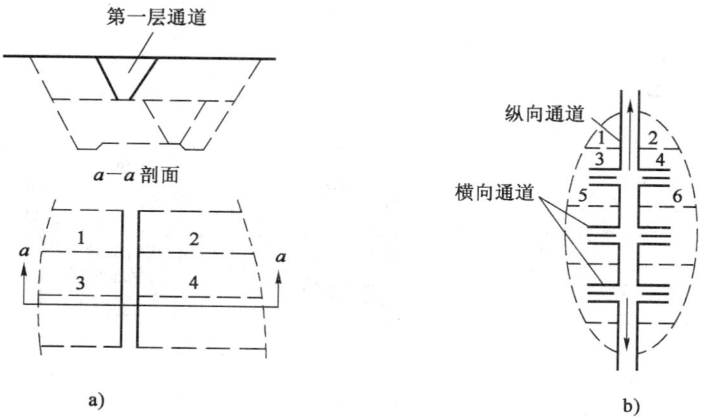

图 2-19　混合式挖掘法

a)横面和平面;b)平面纵、横通道示意图

(1)开挖前应对沿线土质进行检测,对可作为路基填料的土方,应分类开挖分类使用。对非适用材料可作为弃方处理。

(2)土质路堑的边坡稳定极为重要。开挖时,不论工程数量和开挖深度大小,均应自上而下进行,不得乱挖超挖,严禁掏底开挖。

(3)路基开挖中,如需修改设计边坡坡度等时,应及时按规定报批。边坡上的孤石应保留。

(4)开挖过程中,应采取措施保证边坡稳定。开挖至边坡线前,应预留一定宽度,预留的宽度应保证刷坡过程中设计边坡线外的土层不受到扰动。

(5)开挖至零填、路堑路床部分后,应尽快进行路床施工。

(6)挖方路基施工标高应考虑压实的下沉值。绝不能将路基的施工标高与路基的设计标高混同,造成超挖或少挖。下沉值应通过试验确定。

2. 排水设施的开挖要求

水是造成路堑各种病害的主要原因,所以,施工期间应做好排水设施的修建。

(1)应采取临时排水设施,确保施工作业面不积水。

(2)边沟和截水沟应从下游向上游开挖。截水沟通过地面凹陷时,应将凹处填平夯实,然后开挖,防止不均匀沉陷和变形。

3. 弃土处理

路堑挖出的土方,除利用外,多余的土方应按设计的弃土堆进行废弃,不得妨碍路基的排水和路堑边坡的稳定。同时,弃土尽可能用于改土造田,美化环境。

4. 设置支挡工程

为了保证土质路堑边坡的稳定,应及时设置必要的支挡工程。开挖时,应自上而下逐层进行,防止边坡塌方,在地质不良地段应分段开挖,分段支挡。

三、石质路堑施工技术

石方路堑开挖最有效的方法就是爆破,可以大大地提高工效,缩短工期,节约劳动力,提高公路的运营质量。影响爆破效果的因素很多,主要有炸药的性能、地形、地质条件等。

1. 炸药的性能和药包量

1)炸药的性能

主要指炸药的爆炸威力和粉碎力。一般在坚石中,以用粉碎性大的炸药,如TNT炸药。在次坚石、软石、裂缝大而多的岩石中,宜采用爆炸力较大而粉碎力较小的炸药,如硝铵类炸药。

2)药包量

炸药用量的多少,直接影响爆破效果。药量少,达不到预期效果;药量多,不但浪费,还会使爆破振动力增大,裂缝增多、增大,甚至会造成边坡坍塌,危害路基边坡的稳定与施工的安全。因此,药量的多少须根据具体条件和爆破目的来决定。

2. 地形条件

地形不同,其爆破的特征及效果也不同。地形越陡,爆破方量越多,炸药用量就越省。炮眼的临空面数目对爆破效果的影响也很大,临空面越多,爆破效果就越好。

3. 地质条件

当岩石的密度大、强度高、整体性好时,单位耗药量较高,但对爆破后的边坡稳定有利,适宜采用大爆破;反之,密度小、力学强度低、节理、层理发达时,单位耗药量低,不宜采用大爆破。

4. 开挖方式

(1)钻爆开挖:是当前广泛采用的开挖施工方法。有薄层开挖、分层开挖(梯段开挖)、全断面一次开挖和特高梯段开挖等方式见图2-20。

图2-20　钻爆开挖

(2)直接应用机械开挖:不适于破碎坚硬岩石。没有钻爆作业。

5. 石质路堑爆破施工方法

1)常用爆破方法

(1)光面爆破:在开挖限界的周边,适当排列一定间隔的炮孔,在有侧向临空面的情况下,用控制抵抗线和药量的方法进行爆破,使之形成一个光滑平整的边坡。

(2)预裂爆破:在开挖限界处按适当间隔排列炮孔,预先炸出一条裂缝,使拟爆体与山体分开,作为隔震减震带,起保护和减弱开挖限界以外山体或建筑物的地震破坏作用。

(3)微差爆破:两相邻药包或前后排药包以毫秒的时间间隔(一般为15~75ms)依次起爆,称为微差爆破,亦称毫秒爆破。多发一次爆破最好采用毫秒雷管。多排孔微差爆破是浅孔深孔爆破发展的方向。

(4)定向爆破:在公路工程中用于以借为填或移挖作填地段,特别是在深挖高填相间、工程量大的鸡爪形地区,采用定向爆破。

(5)洞室爆破:为使爆破设计断面内的岩体大量抛掷(抛坍)出路基,减少爆破后的清方工作量,保证路基的稳定性,可根据地形和路基断面形式,采用抛掷爆破、定向爆破、松动爆破方法。抛掷爆破有三种形式:

平坦地形的抛掷爆破(亦称扬弃爆破)。自然地面坡角 $\alpha<15°$,路基设计断面为拉沟路堑,石质大多是软石时,为使石方大量扬弃到路基两侧,通常采用稳定的加强抛掷爆破。

斜坡地形路堑的抛掷爆破。自然地面坡角 α 在 $15°\sim50°$ 之间,岩石也较松软时,可采用抛掷爆破。

斜坡地形半路堑的抛坍爆破。自然地面坡度 $\alpha>30°$,地形地质条件均较复杂,临空面大时,宜采用这种爆破方法。

2)综合爆破施工技术

综合爆破一般包括小炮和洞室两大类。小炮主要包括钢钎炮、深孔爆破等钻孔爆破;洞室炮主要包括药壶炮和猫洞炮。用药量1t以上为大炮,1t以下为中小炮。

(1)钢钎炮通常指炮眼直径和深度分别小于70mm和5m的爆破方法。

①特点:炮眼浅,用药少,并全靠人工清除;不利于爆破能量的利用。工效较低。

②优点:比较灵活,在地形艰险及爆破量较小地段(如打水沟、开挖便道、基坑等),在综合爆破中是一种改造地形,为其他炮型服务的辅助炮型。因而又是一种不可缺少的炮型。

(2)深孔爆破是孔径大于75mm、深度在5m以上、采用延长药包的一种爆破方法。

①特点:炮孔需用大型的潜孔凿岩机或穿孔机钻孔,是大量石方(万方以上)快速施工的发展方向之一。

②优点:劳动生产率高,施工进度快,爆破时比较安全。

(3)药壶炮是指在深2.5~3.0m以上的炮眼底部用小量炸药经一次或多次烘膛,使眼底成葫芦形,将炸药集中装入药壶中进行爆破。

①特点:主要用于露天爆破,其使用条件是:岩石应在Ⅺ级以下,不含水分,阶梯高度(H)小于10~20m,自然地面坡度在70°左右。

②优点:是小炮中最省工、省药的一种方法。

(4)猫洞炮系指炮洞直径为0.2~0.5m,洞穴成水平或略有倾斜(台眼),深度小于5m,用集中药在炮洞中进行爆炸的一种方法。

①特点:充分利用岩体本身的崩塌作用,能用较浅的炮眼爆破较高的岩体。

②优点:在有裂缝的软石坚石中,阶梯高度大于4m,药壶炮药壶不易形成时,采用这种爆破方法。

6.施工中应注意的问题

主要有三个方面,见表2-12。

施工中应注意的问题　　表 2-12

项　目	内　容
施工方法	1. 深挖路基施工，应逐级开挖，逐级按设计要求进行防护
	2. 爆破作业必须符合《爆破安全规程》(GB 6722)的规定
	3. 石方开挖严禁采用洞室爆破，靠近边坡部分宜采用光面爆破或预裂爆破
	4. 爆破法开挖石方，应先查明空中缆线、地下管线的位置，开挖边线外可能受爆破影响的建筑物结构类型、居民居住情况等然后指定详细的爆破技术安全方案
边坡整修及检验	1. 挖方边坡应从开挖面往下分段整修边坡，每下挖 2 ~ 3m，宜对新开挖边坡刷坡，同时清除危石及送动石块
	2. 石质边坡不宜超挖
	3. 石质边坡质量要求：边坡上无松石、危石
路床清理及整修	1. 欠挖部分必须凿出。超挖部分应采用无机结合料稳定碎石或级配碎石填平碾压密实，严禁用细粒土找平
	2. 石质路床的边沟应与路床同步施工

7. 爆破作业安全管理

(1)炸药和雷管等爆破材料应安全运送，妥善保管，专门设置炸药仓库，专人负责采购、运输、保管；

(2)严格按公安部的《爆炸物品管理条例》的有关规定实施管理。严格执行领发手续，剩余材料退库保管；

(3)爆破作业人员持证上岗，严禁无证人员进行操作；

(4)规定放炮时间和信号，由专人负责指挥，起爆前应将全部人员和行人、牲畜等撤出危险区，同时对危险区内的房屋等采取安全保护措施；

(5)根据爆破的安全距离确定危险区见图 2-21；

(6)严禁掏挖哑炮。爆破后发现哑炮，应立即封闭现场，禁止一切无关人员进入，应有原施工人员参加处理；

(7)爆破后应进行现场清理，应特别注意边坡上方的浮岩、浮土的清理，防止落物伤人。清理时应自上而下用撬棍撬石块；

(8)在土方开挖地段，严禁先将底脚掏空，让上方的土自行坍落。

图 2-21　爆破警戒标志

四、深挖路基施工

挖方边坡高度大于或等于 20m 时称为深挖路基。深挖路基的施工方法与一般挖方路基的施工方法基本相同，这里仅就深挖路基中的一些特殊问题和要求做一些简单介绍。

1. 施工前的准备

(1)深挖路基由于它的边坡较高，易于坍塌且工程量大，常是影响工期的关键工程。因此，在施工前准备工作的一个重要任务就是详细复查设计文件所确定的深挖路基地段的工程地质资料和深挖路基的边坡，并收集了解土石界限、工程等级、岩层风化厚度及破碎程度等工程特征。

(2)施工前准备的另一个重要任务是对工程地质进行补探工作。补做工程地质勘探并做验算后，若深挖路基边坡难以稳定，则应按补做的地质资料进行方案的选择，并报审批后实施。

2. 土质深挖路基

1)边坡

土质深挖路基的边坡是否能够稳定，因素很多。最主要的是边坡坡度大小，若边坡平缓，则易于稳定，反之，则不稳定。同时也与气候有关，因此要求边坡应严格按照设计坡度施工。但遇到土质情况与设计资料不符时，特别是土质较设计松散时，应向有关方面提出修改设计的意见，批准后实施，以保证土质深挖路基边坡的稳定。

同时在施工中应分层设置平台，不但能使边坡稳定，还能起到碎落台的作用。平台表面横向坡度应向内倾斜，纵向坡度与路线平行，平台上的排水设施应与路基排水系统贯通。

2)施工方法

土质深挖路基施工方法与一般挖方路基的施工方法基本相同，只是多分几层而已。但均应按照设计自上而下，分层开挖，不得乱挖和超挖，严禁掏洞取土见图2-22。同时，在距边坡3m以内禁止采用爆破法施工。

图2-22 土质深挖路基

3. 石质深挖路基

石质深挖路基宜采用中小爆破法施工。边坡应从开挖面往下分级刷坡，一般下挖2～3m时，刷坡工作应同时进行。边坡要求顺直、圆滑、大面平整，边坡上不得有松石、危石。

石质深挖路基过量超挖影响上部岩石稳定时，应采取加固措施维持岩体的稳定。

石质深挖路基路床顶面宜使用密集小排炮施工。

复习思考题

一、填空题

1. 液限大于_______、塑性指数大于_______的土，不得直接作为路堤填料。

2. 常用的路基土方机械有松土机、推土机、铲运机、_______、挖土机及各种_______。

3. 土基的压实程度对路基的_______和_______影响极大。

4. 压实工具不同，压力传布的有效深度也不同，以夯击式机具传布最深，次之，_______最浅。

5. 土方路堤填筑至路床顶面最后一层的最小压实厚度，不应小于_______。

6. 土质路堤每一压实层均应检测压实度，检验频率为每2000m^2检验一个点，不足2000m^2时，至少应检测_______个点。

7. 二级公路土质路堤上路床的压实度应不低于_______。

8. 雨季填筑路堤需借土时，取土坑距离填方坡脚不宜小于_______m。

9. 填石路基的边坡坡度一般为________。

10. 填石路堤的石料强度不应小于________ MPa。

二、单项选择题

1. 对于黏性土、粉性土和砂性土,当用作路基填料时,它们的优先次序为(　　)。

A. 黏性土,粉性土,砂性土　　B. 黏性土,砂性土,粉性土

C. 砂性土,黏性土,粉性土　　D. 粉性土,黏性土,砂性土

2. 矮路堤是指路堤填土高度小于(　　)的路堤。

A. 0.4m　　B. 1.0m　　C. 1.5m　　D. 2.0m

3. 在路堤填筑前,当地面横坡陡于1:5时,在清除地面草皮杂物后,还应将破面挖成台阶,其高度为0.2~0.3m,其台阶宽不小于(　　)。

A. 1.0m　　B. 1.5m　　C. 2.0m　　D. 3.0m

4. 土方方路堤必须根据设计断面,分层填筑、分层压实。采用机械压实时,分层的最大松铺厚度,高速公路和一级公路不应超过(　　)。

A. 20cm　　B. 30cm　　C. 40cm　　D. 50cm

5. 以下可作浸水部分路堤的填料为(　　)。

A. 微风化砂岩　　B. 强风化石灰岩　　C. 粉质土　　D. 高岭土

6. 高速公路、一级公路和填方高度小于(　　)的其他公路应将路基范围内的树根全部挖除并将坑穴填平夯实。

A. 1m　　B. 2m　　C. 3m　　D. 4m

7. 高速公路或一级公路,如土的强度较低时,应超挖(　　),其他公路超挖30cm,用粒料分层回填并按路床要求压实。

A. 20cm　　B. 50cm　　C. 30cm　　D. 40cm

8. 雨季开挖路堑宜分层开挖,每挖一层均应设置排水纵横坡。挖方边坡不宜一次挖到设计标高,应沿坡面留(　　)厚,待雨季过后再整修到设计坡度。

A. 20cm　　B. 25cm　　C. 30cm　　D. 40cm

9. 关于填石路基填料的选择,下列说法正确的是(　　)。

A. 天然土混合材料中所含石料强度大于20MPa时,石块的最大粒径不得超过压实层厚度的2/3

B. 天然土所含石料强度小于15MPa时,石料最大粒径不得超过压实层厚

C. 高速公路和一级公路的路床顶面以下50cm范围内,填料最大粒径不大于15cm

D. 二、三、四级公路的路床顶面以下50cm范围内,填料最大粒径不大于20cm

10. 填石路基压实度控制主要是依靠(　　)。

A. 控制压实度　　B. 控制填土高度

C. 控制含水率　　D. 控制两次压实的变形差

三、多项选择题

1. 路基的基本类型有(　　)。

A. 挖方路基　　B. 填方路基

C. 半填半挖路基　　D. 不填不挖路基

E. 填石路基

2. 下列关于雨季填筑路堤,错误的做法有(　　)。

A. 在填筑路堤前,应在填方坡脚以外挖掘排水沟,保持场地不积水,如原地面松软,应采取换填等措施

B. 利用挖方土作为填方时应放置一段时间后方可压实

C. 雨季填筑路堤需借土时,取土坑距离填方坡脚不宜小于 2m

D. 应选取用透水性好的碎、卵石土、砂砾、石方碎渣和砂类土作为填料

E. 路堤应分层填筑,每一层的表面,应做成 2% ~4% 的排水横坡

3. 关于路堤的划分,下列说法正确的是(　)。

A. 填方高度为 1.2 ~1.5m 的土质路堤属于矮路堤

B. 填方高度为 1.2 ~1.5m 的石质路堤属于矮路堤

C. 填方高度超过 18m 的土质路堤属于高路堤

D. 填方高度超过 30m 的石质路堤属于高路堤

E. 填方高度超过 20m 的土质路堤属于高路堤

4. 关于路堤填筑方式下列说法正确的是(　　)。

A. 填筑路堤宜按横断面全宽分成水平层次逐层向上填筑

B. 原地面不平,填筑路堤时应由低处分层填起

C. 山坡路堤地面横坡陡于 1:5 时,原地面应挖成台阶

D. 若填方分成内个作业段施工,两段交接处,不在同一时间填筑,则先填地段,应按 1:1 坡度分层留台阶

E. 若填方分成几个作业段施工,两段交接处,若两个地段同时填,则应分层相互交叠衔接,其搭接长度,不得小于 1m

5. 关于雨季开挖路堑,正确的做法有(　　)。

A. 开挖前在堑边坡坡顶 2m 以外开挖截水沟并接通出水口

B. 雨季开挖路堑宜分层开挖,每挖一层均应设置排水纵横坡

C. 高速公路或一级公路,如土的强度较低时,应超挖 50cm,其他公路超挖 30cm,用粒料分层回填并按路床要求压实

D. 雨季开挖岩石路堑,炮眼应量倾斜设置

E. 雨季开挖路堑至路床设计标高以上 30 ~50cm 时应停止开挖,关在两侧挖排水沟

四、简答题

1. 路堤填筑可采用的方式? 各种方式的适用性如何?

2. 试述影响压实效果的因素。

3. 什么是最佳含水率和最大干密度?

4. 如何进行碾压工序的控制?

学习情境三

路基排水工程施工

路基内水分过多，会降低路基的承载力。地下水会使路基软化，不但降低路基强度，还会造成边坡坍塌，严重时还会造成整个路基滑塌，严重影响公路的运营和使用。

为了保证路基及边坡的坚固和稳定，必须设置必要的排水设施，同沿线的桥梁和涵洞形成一个完好的排水系统。

路基的水主要是大气降水、水渠、自然沟渠中的水及地下水，所以路基的排水设施也分为地表排水和地下排水。相对而言，地下排水较困难，施工时不但要按设计认真施工，还要深入了解地下水可能造成的危害而加以防治。

路基排水工程设施见图3-1。这里仅介绍地表排水设施的施工方法。

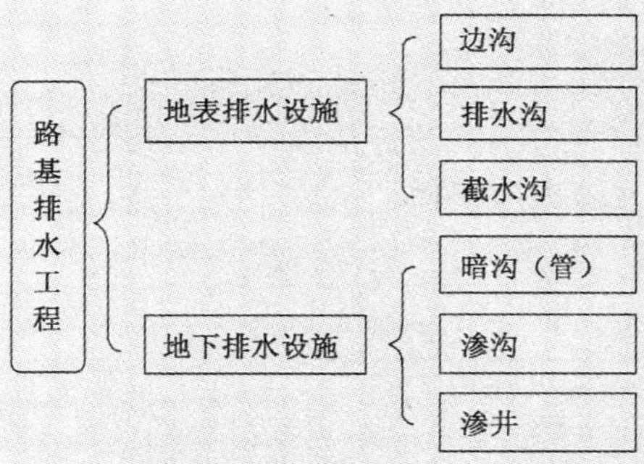

图3-1 路基排水工程设施

工作任务3.1 地表排水

学习目标

1. 掌握边沟、排水沟、截水沟施工要点；
2. 掌握边沟、排水沟、截水沟施工的质量控制注意事项。

任务描述

利用××在建公路的路基排水案例、多媒体教学资源和教师的讲解，使学生掌握边沟、排水沟、截水沟施工要点及质量控制注意事项。

学习引导

本工作任务沿着以下脉络进行学习：

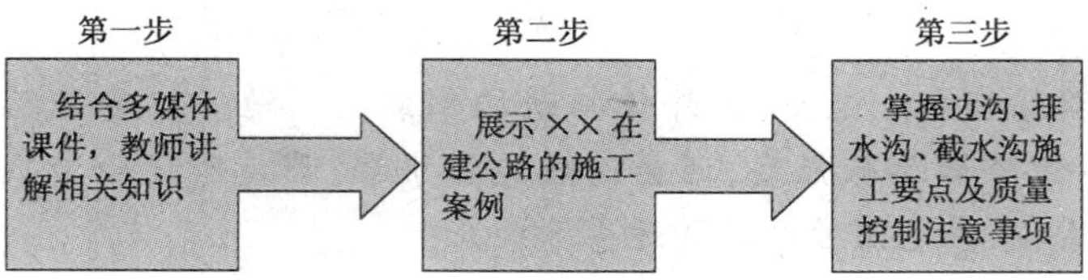

相关知识

排除地面水的各种设施应充分考虑多方面进入路基范围的水，包括因降雨、降雪以及从公路附近地区流向道路范围的水流，还包括路堑边坡排水和农田横跨道路的排水工程，并由此来确定排水设施的排水，地表排水设施主要有边沟、排水沟、截水沟等。

一、地表排水设施

1.边沟

设置在挖方路基的路肩外侧或低路堤路基的坡脚外侧，用以汇集和排除路基范围内和流向路基的少量地面水的沟槽称为边沟。挖方地段和填土高度小于边沟深度的填方地段均应设置边沟。边沟流水断面大小及深度应根据汇水面积大小来确定，断面形式有边沟出土的类别决定，土质边沟一般为梯形或三角形，石质边沟一般为矩形或梯形。梯形边沟的内侧边坡坡度一般为1:1～1:1.5，外侧边坡坡度与路堑边坡坡度相同。当边沟外设碎落台时，外侧边坡坡度同内侧边坡坡度。边沟的深度和宽度一般不小于0.4m，干旱地区和分水点采用0.3m，高速公路和一级公路的边沟断面应大些，其深度和底宽可采用0.8～1.0m。

一般情况下，边沟不宜与其他沟渠合并使用，为控制边沟中的水不致过多，一般每隔300～500m(特殊情况200m)设排水涵一道，用以及时将边沟水排至路基范围之外。边坡的沟底纵坡与路线纵坡相同，并不宜小于0.2%，以免水流阻滞淤塞边沟。当沟底纵坡大于3%时，应对边坡进行加固；当纵坡超过6%时，水流速度大而冲刷严重，可采用跌水或急流槽的形式缓冲水流。另外，在设置超高的曲线区段内，由于挖方地段路基内侧标高的改变，可能形成边沟积水，危害路基，因此应注意使平曲线段边沟沟底与曲线前后沟底平顺衔接见图3-2。

2.排水沟

设置排水沟的目的在于将水流从路基排至路基范围以外的低洼处或排水设施中。在平原微丘丘区，当原有地面沟渠蜿蜒曲折，并且影响路基稳定时，可用排水沟来改善沟渠线路。有时为了减少涵洞数量，也使用排水沟来合并沟渠。

排水沟一般为梯形断面，底宽不小于0.5m，深度根据流量而定，但不宜小于0.5m，边坡坡度视土质情况而异，一般可取1:1～1:1.5，排水沟应尽量做成直线，如必须转弯时，其半径不宜小于10～20m，排水沟长度根据实际需要而定，通常不宜大于500m，见图3-3。

图3-2　边沟

图3-3　排水沟

一般应使排水沟与原水道水流方向成锐角相交，并力求小于45°，保证汇流处水流顺畅，若限于地形，锐角连接有困难时，可用圆弧线形连接。

3. 截水沟

截水沟是设置在挖方路基边坡坡顶以外或山坡路堤的上方，垂直于水流方向，用以截引路基上方流向路基的地面径流的排水设施。截水沟可以防止地表径流冲刷和侵蚀挖方边坡和路堤坡脚，并减轻边沟的泄水负担。

截水沟的断面形状一般多为梯形，底宽不应小于0.5m，深度应根据拦截的水流量确定，一般不宜小于0.5m，边坡坡度视土质而定，一般土质可取1:1～1:1.5。

截水沟离路堑边坡坡顶的距离视土质不同而异，以不影响路堑边坡稳定为原则，一般取$d>5m$，在截水沟与路堑之间堆筑挡土土台见图3-4。

4. 跌水与急流槽

图3-4　截水沟

设置于需要排水的高差较大而距离较短或坡度陡峻的地段的阶梯形构筑物，称为跌水。其作用主要是降低流速和消减水的能量。急流槽是具有很陡坡度的水槽，其作用主要是在很短的距离内，水面落差很大的情况下进行排水。

一般在重丘、山岭地区，地形险峻，排水沟渠纵坡较陡，水流湍急、冲刷力强，为减小其流速，降低其能量，防止对路基造成危害，多采用跌水或急流槽。沟底纵坡较陡的桥涵，为使水流稳定而顺利地通过，也可将其涵底及涵洞进出水口做成跌水或急流槽。此外，若必须沿高边坡将水流排至坡脚，可将截水沟接向边沟，为避免边坡受到冲刷，以及需要减速消能的排水设施时，均可采用跌水或急流槽。

从水利计算特点出发，跌水和急流槽的构造分为进水、槽身、出水三部分。

二、地表排水施工方法

1. 施工程序

(1)测量放线：利用设计单位提供的测量控制网，定出边沟中心和路面边缘的控制点位置，在该位置打上标有桩号的木桩并测出桩顶标高，作为边沟施工时的轴线。

(2)土方开挖：边沟和排水沟土方开挖采用反铲开挖、人工配合清理，自卸汽车运输，山坡截水沟挖基采取人工挖掘运送。

(3)砌筑：自制一批尺寸与设计相符的边沟钢筋或木质骨架大样，土方开挖后，将大样的中心与边沟轴线控制点对齐，下底放置在设计标高处，稳固后带上线，根据带线后的边沟大样段面进行片石砌筑。砌筑用的砂浆必须严格按照试验室提供的配合比进行配制。砌筑时片石间距一般控制在1～2cm左右，采用坐浆(挤浆法)施工，使片石能被砂浆充分包裹。砌筑表面必须紧靠着所拉的线，以确保其表面平整。

2. 施工要点

1)边沟的施工要点

(1)挖方地段和填土高度小于边沟深度的填方地段均应设置边沟。

(2)平曲线处边沟施工时，沟底纵坡应与曲线前后沟底纵坡平顺衔接，不允许曲线内侧有积水或外溢现象发生。

(3)认真做好边沟加固。

①土质地段的边沟纵坡大于3%时应采取加固措施。

②采用浆砌片石加固时，砌缝砂浆应饱满，沟身不漏水。

(4)在边沟与填方路基相邻处设置跌水或急流槽，将水流直接引至填方坡脚以外，以免冲刷边坡，影响路基稳定。

(5)当边沟水流向涵洞进水口时，为避免边沟水流的冲刷，应根据地形条件在涵洞进口处设置窨井、跌水或急流槽等构造物，将水流引入涵洞。

(6)当边沟水流向桥梁时，应在桥头翼墙或挡土墙之后设置跌水或急流槽，将水引入河道。

2)排水沟的施工要点

(1)排水的线形应平顺，转弯处宜做成弧线形。

(2)排水沟的出水口。应设置跌水和急流槽将水流引出路基或排水系统。

3)截水沟的施工要点

(1)截水沟的边缘距挖方路基坡顶的距离视土质情况而定，以不影响路基边坡为原则。一般土质至少应距路堑顶边缘5m，黄土地区不应小于10m，并应采取防渗加固措施。

(2)截水沟应按设计要求进行防渗及加固处理。地质不良地段、土质松软地段、渗水性大或裂隙较多地段，截水沟沟底、沟壁、出水口均应进行加固处理，防止水流渗漏和冲刷。

(3)截水沟长度超过500m时，应选择适当的地点设出水口，将水引至沟中或涵洞出。截水沟必须有牢固的出水口，必要时需设置跌水或急流槽。

4)质量控制注意事项

(1)砌体砂浆配合比准确，砌缝内砂浆均匀饱满，勾缝密实；

(2)浆砌片石工程咬扣紧密，嵌缝饱满、密实，勾凹缝保持自然流畅，缝宽大体一致且无通缝；

(3)排水设施施工时，注意衔接顺畅，做到沟底平整并有一定的坡度，以利于排水；

(4)砌体内侧及沟底应平顺，沟底不得有杂物；

(5)急流槽与消力池底部应做成粗糙面，并按设计设置消力坎，以利排水并起消力作用；

(6)无论何种型式的边沟、排水沟、截水沟相接，均应设置渐变段，使水流过渡自然平顺，渐变段长度视具体现场情况而定。

工作任务3.2　涵洞施工

学习目标

1. 掌握盖板涵施工要点；
2. 掌握涵洞地基处理方法。

任务描述

利用××在建公路的涵洞施工案例、多媒体教学资源和教师的讲解，使学生掌握盖板涵施工要点、涵洞地基处理方法。

学习引导

本工作任务沿着以下脉络进行学习：

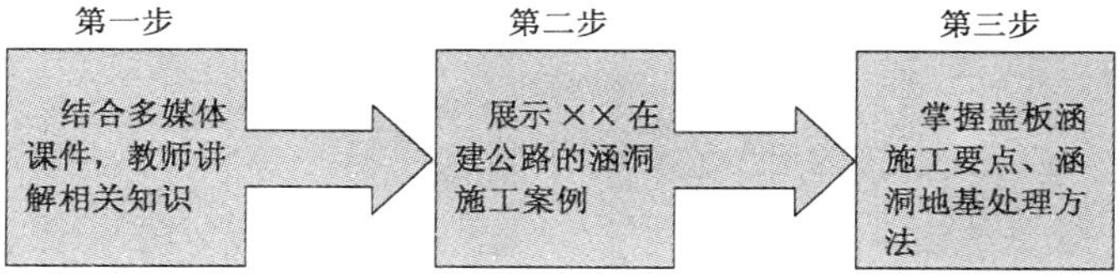

相关知识

涵洞是地表排水设施中一个重要的结构物，它的主要功能见下表3-1。

涵洞主要功能　　表3-1

功　能	说　明
排水	将边沟、排水沟、截水沟的水流汇入涵洞，排除路基以外
泄洪	将山坡坡面汇水流入涵洞，排除到路基以外
灌溉	恢复原有沟渠，灌溉农田，满足农业生产需要

在路基施工中常见的涵洞类型有盖板涵、拱涵、圆管涵、箱涵，这里仅对最常见的盖板涵的施工方法作介绍，其他类型的涵洞见其他参考资料。

1. 盖板涵施工程序

施工顺序：测量放样→基础开挖→清理基底→基础钢筋安装→浇筑基础→浇筑墙身→安装盖板→台背回填→洞口施工。

2. 盖板涵施工方法

（1）准备工作：涵洞开工前应根据设计文件资料进行现场核对，核对时还需注意农用排灌要求,如需要变更设计时,按变更程序进行办理;对地形复杂陡峻沟谷涵洞、斜交涵洞、平曲线和纵坡上涵洞,应先绘制出施工详图,然后再依图放样施工。

(2)测量放样:基础的底宽度为基础的尺寸加上两侧预留排水或砌筑站人的宽度,根据土壤类别和深度,确定挖基坡度,算出上口宽,划出开挖范围,钉好桩橛。在施工场地附近设置控制桩和照查桩,以便经常核对涵洞位置。涵洞测量放样时应注意以下事项:

①注意核对涵洞纵横轴线的地形剖面图是否与设计图相符;

②注意涵洞的长度、涵底标高的正确性;

③对斜交涵洞、曲线上和陡坡上的涵洞。应考虑交角、加宽、超高和纵坡对涵洞具体位置、尺寸的影响;

④注意锥坡、翼墙、一字墙和涵洞墙身顶部和上下游调治构造物的位置、方向、长度、高度、坡度,使之符合技术要求。

(3)挖基:根据测量放样出的挖基施工范围,进行开挖见图3-5。如果基础土石方量很大,则采用人工配合机械施工;如果遇到岩石,则需进行松动爆破,然后人工处理,爆破必须严格采用松动爆破,避免药量过大导致基地岩层被破坏。

(4)清理基础:基础开挖完成后,对基底进行全面地清理,石质基底可用水进行清洗,土质基底须清扫干净,然后按照基地设计高程进行复核,同时进行基底承载力试验见图3-6。

图3-5　基坑开挖

图3-6　地基承载力检测

(5)立侧模、线架:基坑测量结果和承载力均达到设计要求后,根据基础钢筋混凝土的形式,做出样板、线架,有关的各部尺寸、变化点的高程要标定在线架与样板上,施工中可经常检查、核对,能较好地控制施工质量见图3-7。

(6)浇筑混凝土(基础和墙身):混凝土采用混凝土搅拌机集中拌和,罐车运输进行浇筑。混凝土应分段分层分段浇筑,上层混凝土在下层混凝土初凝前完成浇筑。上下层同时浇筑时,上层与下层前后浇筑距离应保持1.5m以上。混凝土的振捣使用插入式振动器振捣,在振捣过程中,移动的间距不超过振动器作用半径的1.5倍,振动器应插入下层混凝土50~100mm,布点要均匀,以保证混凝土的密实性。分段混凝土应一次性连续浇筑,当混凝土浇筑至模板顶后,及时清除表面已离析的混合物和水泥浮浆。浇筑涵洞基础和涵台墙身时,根据现场基底情况每4~10m设置一道沉降缝,沉降缝宽度2cm,沉降缝两端面应保持竖直、平整、上下不得交错,缝间采用沥青麻絮填塞见图3-8、图3-9、图3-10。

图 3-7　基础立模

图 3-8　混凝土基础

图 3-9　墙身立模

图 3-10　墙身混凝土

（7）盖板的预制：钢筋混凝土盖板采取集中预制，对正交涵洞预制时仅对底模尺寸进行变换即可。当涵洞为斜交时，将洞口盖板预制为梯形即可，具体施工工艺如下：

①对盖板底模和侧模进行打磨除去锈迹和局部疤痕，然后在模板上涂抹脱模剂，最后安装模板，测量尺寸和角度；

②在安装好的模板内绑扎钢筋见图 3-11，安装钢筋时注意将事先制作好的混凝土块（3～4 厘米）平稳安放在底层钢筋下，使钢筋保持设计规定的净保护层间距；

③钢筋安装完毕后复核盖板长度、宽度及角度，如果符合要求，可以开始浇筑混凝土。浇筑时振捣必须密实，同一块板一次性浇筑完毕，并对表面进行找平清光，对超出侧模的混凝土予以清除，保持盖板厚度一致见图 3-12；

④当盖板的强度达到设计强度的 90% 后方能脱模搬运存放，盖板在存放时采用两点搁置（方木支垫于支撑线位置），不得翻转。

图 3-11　盖板钢筋

(8)盖板的安装：当涵台的强度达到设计强度的90%，即可安装盖板。安装时采用汽车吊运安装，施工中注意以下事项：

①盖板在装卸和运输过程中，应注意安放平稳，以防碰撞破坏盖板表面和棱角；

②安装前，先清扫涵台顶的污物和杂尘，将涵台顶湿润，摊铺一层砂浆，然后将盖板安放就位见图3-13；

图3-12　浇注盖板

图3-13　涵洞成型

③盖板在墙身和基础沉降缝处断开，沉降缝两侧的盖板采用沥青麻絮进行填塞，其余盖板之间采用30号水泥砂浆充填；

④盖板安装完毕后采用30号水泥砂浆充填台背与盖板间的空隙。

(9)台背回填和涵顶填土：盖板填缝强度达到90%后即可进行台背回填，台背回填在不小于两倍台高范围内，采用透水性较好的砂质土和砂粒石土，不得采用含有泥草或冻土块的土。回填土应对称分层夯实、分层检查，每一压实层的松铺厚度不宜超过15cm，回填时涵洞两侧的填土与压实应对称回填，填土碾压先用小型手扶振动夯或手扶振动压路机碾压，在涵顶以上50cm范围内采用轻型静载压路机碾压。涵洞顶部至路床顶面的压实度均为95%。

(10)洞口工程：洞口工程包括跌水井、八子翼墙、墙锥(一字端)坡等形式，施工时注意以下事项：

①涵洞进出口采用锥坡时，一字翼墙与洞身一起浇筑，采用跌水井、八字翼墙时均应与洞身分开砌筑，连接缝内填充沥青麻絮；

②洞口帽石，可按涵洞孔径预制或现场浇筑；

③涵洞进出口铺砌，排水设施应做好与路基排水沟、原有沟渠的顺应连接，保持涵洞排水流畅见图3-14、图3-15、图3-16。

3. 软土地基涵洞基础的处理

在涵洞基坑开挖后，经检测地基承载能力达不到设计要求时，结合实际情况选用下列处理方案进行地基处理：

(1)基坑超挖：在基坑开挖后，经检测地基承

图3-14　涵洞接排水沟

载能力达不到设计要求，可根据检测实际的地质情况进行判定下层的土质情况，在监理工程师的许可下进行基坑的超挖，若以下地基的承载能力满足设计要求，即可进行基础的施工见图3-17。

图3-15　通道与原路相接

图3-16　涵洞与原沟相接

（2）换填：在基坑超挖后仍不能满足设计要求时，可扩大基坑的开挖面积，砌筑浆砌片石或干砌片石，再铺设碎石垫层，使涵洞的地基应力扩散，经验算满足地基的承载能力后，可进行基础的砌筑见图3-18。

图3-17　基坑超挖

图3-18　基础换填

（3）钢筋混凝土基础：在浆砌或干砌片石，铺设碎石垫层后，基底应力仍然满足不了设计要求，可考虑将原浆砌基础变更为钢筋混凝土整体式基础，使路基填筑后，涵洞能够均匀沉降。

如墙身、基础为浆砌片（块）石时，请参照学习情境四的施工工艺和技术要求即可。

复习思考题

一、填空题

1. ________边沟适用于沙漠或积雪地区的路基。

2. 路基跨越原有沟渠，且沟渠水位高于距基设计标高，不能按正常条件下设置涵洞，可采用________排水。

3. 路基排水设施可分为________和________两大类。

4. 渗井离路堤坡脚不应小于________。

5. 三角形边沟的长度不宜超过________ m。

6. 明沟的最小允许流速为________ m/s。

二、单项选择题

1. 属于地下排水设施的是(　　)。

   A. 蒸发池　　B. 渗井　　C. 急流槽　　D. 倒虹吸

2. 公路边沟的主要功能是排除路基用地范围内的(　　)。

   A. 地下水　　B. 地面水　　C. 层间水　　D. 岩石裂隙渗水

3. 截水沟设置在斜坡地段的公路路基(　　)。

   A. 下方　　B. 左面　　C. 右面　　D. 上方

4. 当路基附近的浅层地下水无法水平排除，影响路基稳定性时，可设置(　　)。

   A. 边沟　　B. 盲沟　　C. 渗沟　　D. 渗井

5. 当排水纵坡陡于1:1.5时应选用(　　)。

   A. 跌水　　B. 金属管急流槽　　C. 浆砌片石急流槽　　D. 混凝土急流槽

6. 按构造的不同，渗沟可大致分为(　　)三种类型。

   A. 盲沟式渗沟、管式渗沟和渗井式渗沟

   B. 填石渗沟、管式渗沟和洞式渗沟

   C. 填石渗沟、渗井式渗沟和盲沟式渗沟

   D. 盲沟式渗沟、填石渗沟和洞式渗沟

7. 采用10年设计降雨重现期进行水文计算的是(　　)。

   A. 高速公路、一级公路路界内坡面排水

   B. 高速公路、一级公路路面和路肩表面排水

   C. 二级及二级以下公路路界内坡面排水

   D. 二级及二级以下公路中面和路肩表面排水

三、多项选择题

1. 以下属于地表排水设施的有(　　)。

   A. 渗沟　　B. 边沟　　C. 截水沟　　D. 排水沟

   E. 盲沟

2. 排水沟的截面形式可以采用(　　)。

   A. 圆形　　B. 矩形　　C. 梯形　　D. 弧形

   E. 三角形

3. 设置盲沟的目的在于(　　)。

   A. 拦截流向路基的层间水

   B. 降低路基范围的地下水水位

   C. 在填方和挖方交界处，拦截和排除路堑下面层间水和小股泉水

   D. 排除少量地表水

   E. 排除边沟水

4. 深而长的渗沟，要求设置检查井的位置为(　　)。

A. 地下水出露处

B. 渗沟转弯处

C. 渗沟边坡处

D. 在渗沟直线段每隔 30 ~50m 处

E. 地下水流量变化处

5. 排水隔离层应符合(　　)等技术要求。

A. 隔离层的合成纤维土工织物，其最小抗压强度不应小于 50MPa

B. 土工织物铺在地面上，用木桩和石块固定就位，其搭接长度纵向和横向宜为 2m

C. 在土工织物上的铺筑材料要求选用矿渣、碎石或砾石，采用重型机械压实，最小厚度为 30cm

D. 在土工织物上的铺筑材料要求选用矿渣、碎石或砾石，其中最大粒径为 30cm

E. 排水隔离层顶面须高出地下水位 30cm 以上

6. 关于截水沟的说法正确的是(　　)。

A. 挖方路基的截水沟应设置在坡顶 10m 以外

B. 填方路基上侧的截水沟距填方坡脚的距离不应小于 2m

C. 截水沟的深度不宜小于 0.5m

D. 截水沟的底宽不宜小于 0.5m

E. 截水沟的长度一般不宜超过 600m，超过 600m 时，可在中间适宜位置增设泄水口，由急流槽分流排引

四、简答题

1. 公路路基常用的排水设施有哪些？

学习情境四

路基防护与加固工程施工

在雨水、风、气温变化及水流冲刷的作用下，路基边坡会产生一系列的变形，如边坡表土剥落、边坡冲沟及滑塌等，严重地影响路基的稳定性和道路交通安全。为了保证公路的使用安全，对土质不良的路基边坡和易于受水冲刷的路基进行必要的防护与加固措施是非常重要的。

路基防护种类如下：

路基防护按作用分有：坡面防护、冲刷防护、滑坡防护		
坡面防护	植物防护	种草
		铺草皮
		三维植被网
		植树
	骨架植物防护	浆砌片石骨架植草防护
		混凝土骨架植草防护
		锚杆混凝土框架植草防护
	圬工防护	喷浆或喷射混凝土
		锚杆挂网喷护
		干砌片石护坡
		浆砌片石护坡
		浆砌片石护面墙
	封面捶面防护	封面
		捶面
冲刷防护	直接防护	抛石(或堆石)防护
		干砌片石防护
		浆砌片石防护
		石笼防护
		浸水挡土墙防护
	间接防护	导流构造物
		防护林带
		改河道

续上表

路基防护按作用分有:坡面防护、冲刷防护、滑坡防护		
滑坡防护	挡土墙	
	抗滑桩	
	边坡锚固防护	
	土钉支护	

工作任务4.1 路基坡面防护

学习目标

1. 叙述路基坡面常用的防护措施;
2. 知道路基坡面防护类型的适用条件和施工工艺;
3. 分析路基坡面防护类型的优缺点,选择适当的防护类型;
4. 根据公路路基施工技术规范完成坡面防护施工技术作业;
5. 正确完成给定的具体坡面工程,选择适当的防护措施,编制施工工艺流程。

任务描述

通过完成本任务,要掌握公路路基坡面防护常采用的措施及各种措施的适用条件。针对具体的边坡实例,应能提出切实可行的坡面防护方案,编制出相应的施工工艺流程和施工注意事项。

学习引导

本工作任务沿着以下脉络进行学习:

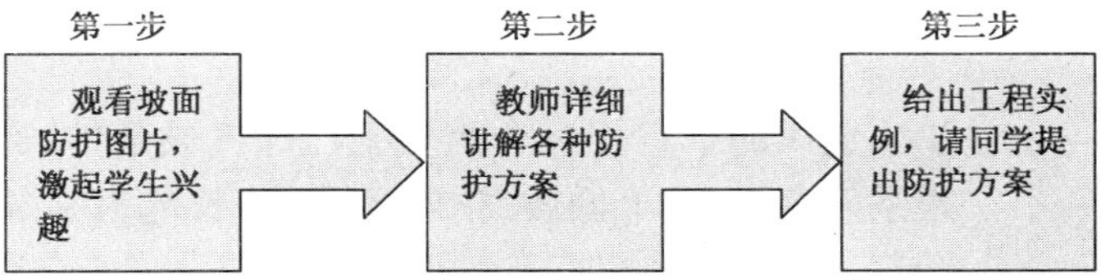

相关知识

路基坡面防护包括植物防护、骨架植物防护、圬工防护和封面捶面防护等方法。植物防护有种草、铺草皮、植树和三维植被网防护;骨架植物防护有浆砌片石(或水泥混凝土)骨架植草防护和锚杆混凝土框架植草防护;圬工防护有喷护(喷浆或喷混凝土)、锚杆挂网喷护、干砌片石、浆砌片(卵)石护坡和护面墙等结构形式。

一、植物防护

1. 种草

1)作用

种草是一种施工简单、造价经济且有效的坡面防护措施。草能覆盖表土,防止雨水冲刷,调节土的温度,防止裂缝产生,固结表面土壤,防止坡面风化剥落,加强路基的稳定性见图 4-1。坡面可允许缓慢流水(0.4 ~0.6m/s)的短时冲刷。

图 4-1 坡面种草

2)适用条件

(1)适宜用于草类生长的土质路堑和路堤边坡上,且边坡坡度较缓、边坡高度不高的路基。

(2)对边坡土层不宜种草,可先铺一层有利于草生长的种植土,铺土厚度 10 ~15cm。为使种植土与边坡结合牢固,可沿边坡坡面每间隔 100cm 的距离挖 20cm 宽的台阶,见图 4-2。

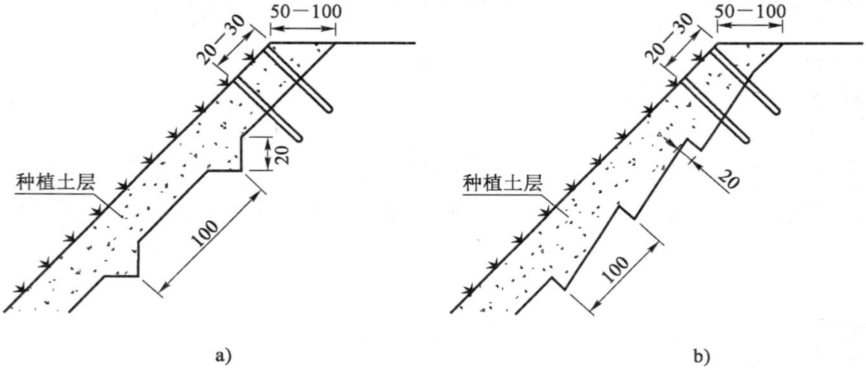

图 4-2 种草护坡(单位:cm)

(3)对于经常浸水或长期浸水的路基边坡,草不易生长,不宜采用此种边坡防护措施。

3)草种的选择

选用的草籽要适合当地土质和气候条件,通常应选择易成活、根系发育强、茎干低矮、枝叶茂盛、生长能力强的多年生草种,如白茅草、毛鸭咀、鱼肩草及两耳草等。

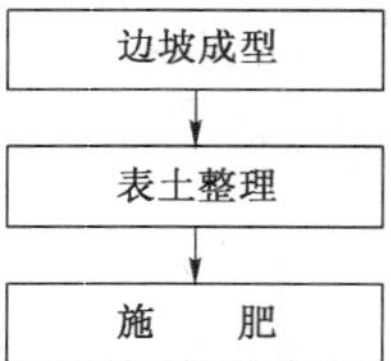

图 4-3 种草施工工艺流程

4)施工工艺流程

种草施工工艺流程见图 4-3。

5)施工注意事项

(1)播种草籽可根据具体情况按撒播或行播进行。为使草籽均匀分布,可先将草籽与沙、干土或锯末混合播种。草籽埋入深度应不小于 5cm,种完后将土耙匀并适当拍实,然后洒水,保持潮湿。

(2)路堤的路肩和路堑顶边缘应埋入与表层齐平的带状草皮,

草皮厚 5～6cm,宽度 20～25cm。

(3)播种时间宜选春季、秋季,不宜选在干燥的风季和暴雨季节播种。

(4)播种前,必须将表土耙松,土块打碎,整平,清除石块、杂草及有害物质,并对表土进行均匀施肥,施肥量 $1000m^2$ 不得少于 70kg。草籽的播撒量,在坡面每 $1000m^2$ 不少于 9kg。路堑边坡或路堤较高时,可通过试验采用草籽与含肥料的有机质泥浆的混合物,喷射于坡面上。

(5)加强管理,经常检查成活率,必要时应进行补充播种。

2. 铺草皮

1)作用

铺草皮对坡面的防护作用效果较好,并可用在较高、较陡和坡面冲刷较重的边坡上,铺草皮比种草防护收效快,见图 4-4。

2)适用条件

铺草皮适用于坡面缓于 1∶1 的各种土质边坡及严重风化的软质岩石边坡。为防止表水冲刷产生冲沟、流泥等病害,而种草成活率低,且附近草皮来源较易的情况下,可用铺草皮防护。

图 4-4　草皮铺设

3)草皮选择与要求

(1)草皮应选择根系发达,茎矮叶茂的耐旱草种,如白茅草、假俭草、绊根草等。

(2)草皮规格:草皮宜选用带状或块状。挖草皮时,草皮的两端最好斜切,横断面呈扁平四边形,长 30cm,宽 20cm,厚 10cm。干燥和炎热地区,厚度可增加到 15cm。

4)施工工艺流程

铺草皮施工工艺流程图见图 4-5。

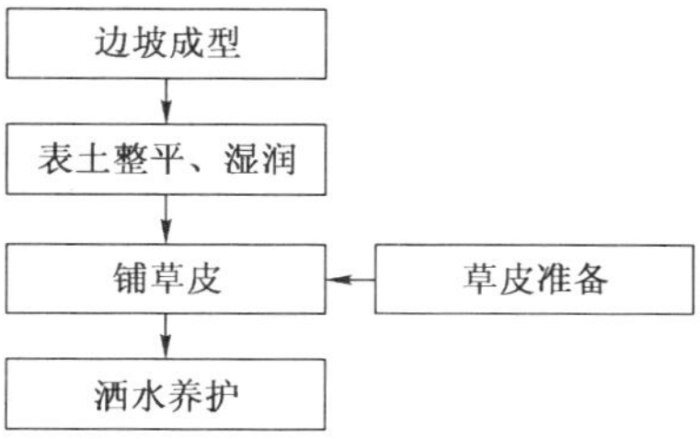

图 4-5　铺草皮施工流程

5)施工注意事项

(1)草皮应与坡面密贴,并用木锤将草皮的斜边拍紧拍平。每块草皮的四角用长 20～30cm、直径 2～3cm 的木桩或竹桩钉固,桩与坡面垂直,露出草皮表面不超过 2cm,见图 4-6。当边坡缓于 1∶1.5 时,可不钉桩。对于岩层,钉木桩或竹桩有困难时,可将坡面挖成深为5～10cm 的锯齿形,用浸湿变软的草皮块铺上并拍紧。

(2)当为路堑时,草皮应铺过堑顶肩部至少 100cm 或铺至截水沟,坡脚应选用厚度适当且整齐的草皮或作其他加固处理。

(3)当草皮来源不足,而草根容易蔓延时,在高度不大的土质路堤边坡,可改用方格草皮结构。条状草皮应嵌入边坡 4～8cm,草皮条宽 20～30cm,在坡顶和坡脚 50～100cm 高度内满铺草皮,也可在方格内撒播草籽。

(4)铺草皮前边坡表层要挖松整平,较大的坑凹或冲沟应填平,然后洒水,均匀湿润坡面。

(5)铺草皮可自坡脚向上铺钉,也可自上而下铺钉。护坡顶部和两端的草皮应嵌入坡面内,草皮护坡的边缘与坡面衔接处应平顺,防止雨水沿草皮与坡面间隙渗入而使草皮下滑。

(6)铺草皮施工一般应在春季或秋季进行,气候干旱地区则应在雨季进行。

(7)铺种的草皮应洒水养护,使坡面湿润,直至草皮成活。

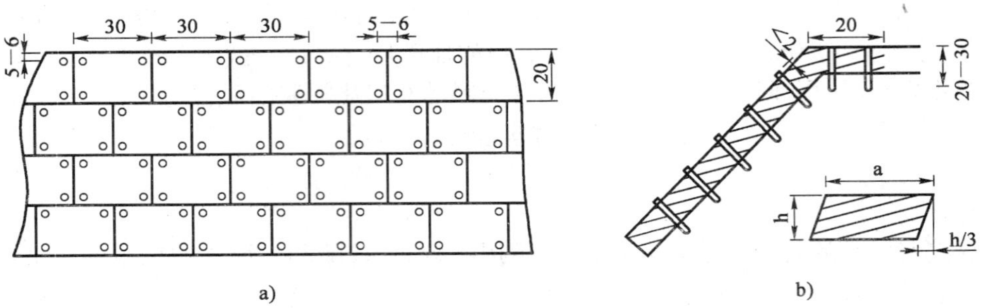

图4-6 草皮铺设示意图

a)平面;b)剖面

3. 三维植被网

1)护坡机理

三维植被网防护是土工织物复合植被防护坡面的一种典型形式,见图4-7。三维植被网以热塑料树脂为原料,采用科学配方及工艺制成。其结构分为上、下两层:下层为一个经双面拉伸的高模量基础层,强度足以防止植被网变形;上层是具有一定弹性的、规则的、凹凸不平的网包组成,其材质疏松柔韧,留有90%以上的空间可填充土壤及草籽,将草籽及表层土壤牢牢固定在立体网中间。同时,由于网包表面凸凹不平,可使风及水流在网包表层产生无数小涡流,起到缓冲消能作用,并促使其携带物沉积在网垫中,这样就有效地避免了草籽及幼苗被雨水冲走流失,大大提高了植草覆盖率。同时,三维网固定于坡面上,直接对坡面起到固筋作用。当植草生长茂盛后,植物根系可从网包中舒适均衡地穿过,深入地下达0.5m以上,与网包、泥土三者形成一个坚固的绿色保护整体,起到复合护坡的作用。

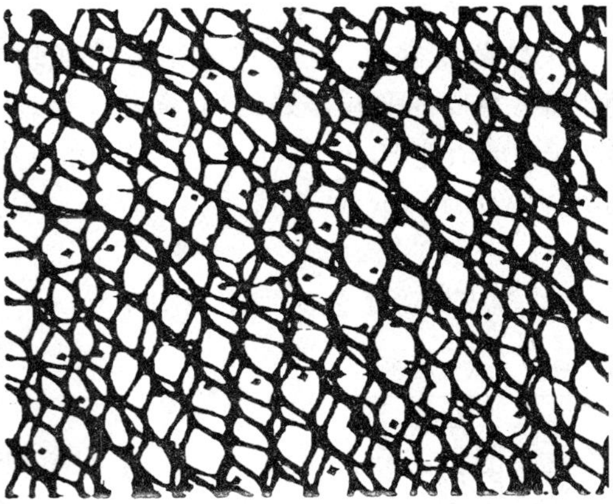

图4-7 三维植被网

2)三维植被网的特点

(1)由于网包的作用,能降低雨滴的冲蚀能量,并通过凸出的网包降低坡面雨水的流速,从而有效地抵御雨水的冲刷。

(2)在边坡表层土中起着加筋加固作用,从而有效防止表面土层的滑移。

(3)在边坡防护中使用三维植被能有效地保护坡面不受风、雨、洪水的侵蚀。三维植被网的初始功能是有利于植被生长,随着植被的形成,它的主要功能是帮助草根系统增强其抵抗自然水土流失能力。

(4)三维植被网能做成草毯进行异地移植,能解决快速防护工程的植被要求。

3)施工流程

三维植被网施工流程图见图4-8。

(1)边坡整型、细平整。当路基土方已经完工并经监理工程师验收后,放出路基边坡坡脚桩。直线路段路基边桩及坡脚桩每 20m 打桩，曲线路段加密到 5～10m，以保证路基边坡线平滑顺直。定出路基边桩及坡脚桩后，用白灰标出控制线，然后刷坡。刷坡采用人工配合挖掘机进行。刷坡后将边坡上的土块粉碎、平整，并施入底肥。

(2)开挖沟槽。在坡顶及坡脚处，按照施工图纸设计尺寸，人工开挖预埋植被网的沟槽，并平整。

(3)覆网。边坡整理完工并经监理工程师验收后，按照设计图纸和施工规范要求或工程师的指示，及时进行人工铺设 EM3 型三维植被网。覆网时，先将网置于坡顶沟槽内，然后从坡顶到坡脚依次进行。网块之间要重叠搭接，搭接宽度不宜小于 10cm。

(4)固定。覆网后按照一定的密度和方式，采用竹钉(长 25cm)或 R 型钢筋(长 25cm)打入边坡进行固定。

(5)覆土。当三维植被网固定好以后，在网上覆一薄层土进入网包(可以用木条刮入)，而土壤要求细碎、肥沃、PH 值适中。

图 4-8　三维植被网施工流程

(6)播撒草籽。根据当地的气候、土质、含水率等因素，选择易于成活、枝叶茂盛、根系发达、茎低矮、多年生、便于养护和经济的草籽种类。为使草籽均匀分布，草籽应掺加细砂或细土搅拌均匀后播撒。

(7)再覆土。撒播草籽后，在网上面再均匀覆盖一层薄土(总厚度约为 2cm 左右)，并适当拍实，使边坡表面平整，并保证使土盖住草籽。

(8)覆盖纤维布或稻草、秸秆。为了让草籽尽快发芽，边坡上面应考虑采用纤维布或稻草、秸秆等进行覆盖，使土壤保持湿润和适宜草籽生长的温度。

(9)浇水养护。种植草籽后应适时进行洒水施肥，清除杂草等养护管理，直到草籽成活并覆盖坡面。

4)施工注意事项

(1)用挖掘机刷坡时，要预留约 20cm 宽由人工清除，以保证路基边坡的密实度，人工刷坡时要挂线，并用坡度尺检验路基边坡坡度，以确保路基边坡的外观线形。

(2)开挖沟槽和刷坡一次不要过长，防止雨水、风沙等作用破坏路基边坡坡面。

(3)植被网尽量与坡面贴附紧密，防止悬空，使网保持平整，不产生皱褶。

(4)撒播草籽应在无风、气温在 15℃以上的天气进行，避免在干燥的风季和暴雨季节播种。

(5)浇水时最好采用雾状喷施，防止形成径流，以免造成草籽分布不均匀而影响覆盖率和美观。

(6)养护期加强管理，以有效地养护所有种植面上的植物，直到养护期终止。

实践证明，采用三维植被网进行公路边坡防护，施工简便，劳动强度小，效率高，大大降低了工程造价，同时又美化了公路沿线的环境，具有非常广阔的应用前景。

4. 植树

1)适用条件

植树防护适宜于各种土质边坡和严重风化的岩石边坡，但在经常浸水、盐渍土和经常干涸的边坡上及粉质土边坡上不宜采用。植树防护最好在 1∶1.5 或更缓的边坡上见图 4-9。

2）树种选择和要求

图 4-9　边坡植树

（1）树种应为根系发达、枝叶茂盛、能迅速生长分蘖的低矮灌木，如紫穗槐、夹竹桃。

（2）选择紫穗槐的树苗至少要有一年的树龄。挖掘树苗时，不得损伤大的根系，最好带些土，以利成活。

（3）夹竹桃是截枝插栽，用来截枝的夹竹桃树要有两年以上的树龄，每一根截枝最少要有四节，下端切成斜形，上端切齐平，并用泥土包好，防止水分蒸发。

（4）植树布置有梅花型和方格型，植树间距40～60cm，植树坑深为25cm，坑直径20cm，每坑内栽紫穗槐两棵，插夹竹桃三根。

3）施工注意事项

（1）边坡如有不利于灌木生长的砂石类土，则栽种的坑内应换填宜于灌木生长的黏质土。

（2）灌木栽种后，坑中应及时填土压实，并经常浇水，使坑内保持湿润，直到灌木发芽成活。

（3）栽种灌木的边坡，在大雨过后要及时检查，发现问题及时处理。

（4）栽种灌木应当在当地的植树造林季节。

二、骨架植物防护

1. 浆砌片石骨架植草防护

1）防护介绍

浆砌片石骨架植草防护既能稳定路基边坡，又节省材料，造价较低、施工方便、造型美观，能与周围环境自然融合，是目前高速公路边坡防护的主要形式之一，被广泛推广应用。其结构形式主要有方格形、人字形、拱形及多边混凝土空心块等，见图4-10。骨架内可以铺草皮、植草或用三合土、四合土捶面，或栽砌卵石进行防护。

a)　　b)　　c)

图 4-10　浆砌片石骨架护坡

a）方格形骨架护坡；b）人字形骨架护坡；c）拱形骨架护坡

2）适用条件

（1）浆砌片石骨架植草防护适用于土质和强风化岩石边坡，防止边坡受雨水侵蚀，避免土质坡面上产生沟槽。当边坡潮湿，发生溜坍及坡面受冲刷严重时，若采用草皮护坡或捶面护坡易被冲毁脱落，则可采用浆砌片石骨架的加强措施。

(2)骨架内铺草皮、植草还是锤面或栽砌卵石，应根据土质情况和边坡坡度及当地材料来源等情况选用。

3)施工流程

浆砌片石骨架植草防护施工流程见图4-11。

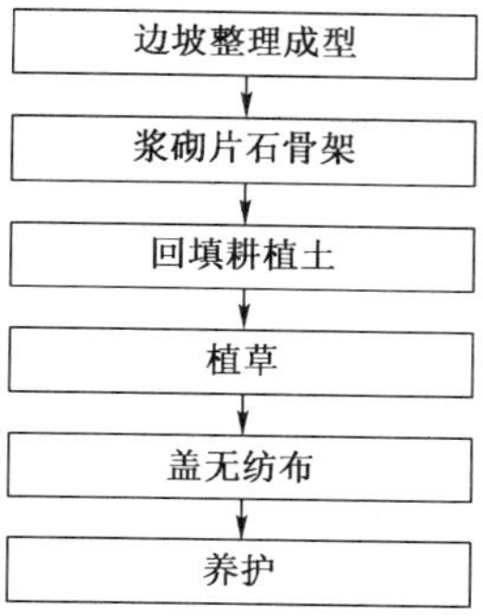

图4-11　浆砌片石骨架植草施工流程

(1)边坡整理成型。按设计坡度比刷坡成型，刷坡采用人工配合挖掘机进行。

(2)浆砌片石骨架。按设计骨架尺寸1:1比例放样挂线，并开挖砌槽。选择质地坚硬、无缝隙、无风化的优质石料自下而上砌筑骨架。骨架结构一般采用方格型，骨架间距3～5m。骨架底部坡脚1.0m和顶部0.5m范围用M5.0水泥砂浆砌片石镶边加固。

(3)回填耕植土。主要针对岩质边坡或原边坡土壤不易于草种生长的边坡。

(4)植草与养护。植草与养护方法与前种草防护方法同，此处不再叙述。

4)施工注意事项

(1)骨架表面与草皮表面应平顺，当降雨量大且集中的地区，骨架上可做成截水沟式，以分流排除地表水。

(2)当骨架内为捶面时，应在骨架节点中心位置留有泄水孔，骨架外露部分应和捶面厚度相等，使表面平顺。

(3)施工前因清理坡面浮土、碎石，填补坑凹地。

(4)骨架内草皮或捶面均应与坡面和骨架密贴，以防地表水沿缝隙渗入，损坏防护工程。

(5)骨架内捶面或砌卵石应在浆砌片石骨架的强度达到70%以上时进行。

2. 混凝土骨架植草防护

混凝土骨架植草防护与浆砌片石骨架植草防护类似，此处不再介绍。

3. 锚杆混凝土框架杆植草防护

1)防护介绍

锚杆混凝土框架植草防护(见图4-12)是近年来在总结锚杆挂网喷浆(混凝土)防护的经验教训后发展起来的，它既保留了锚杆对风化破碎岩石边坡的主动加固作用，防止岩石边坡经开挖卸荷和爆破松动而产生的局部破坏，又吸收了浆砌片石(混凝土)骨架植草防护的造型美观、便于绿化的优点，适用于土质边坡和坡体中无不良结构面、风化破碎的岩石路堑边坡。

锚杆混凝土框架植草防护的形式有多种组合：锚杆混凝土框架+喷播植草；锚杆混凝土框架+挂三维土工网+喷播植草；锚杆混凝土框架+土工格室网+喷播植草；锚杆混凝土框架+混凝土空心块+喷播植草等。

2)适用条件

锚杆混凝土框架植草防护适用于边坡高度较大、稳定性较差的土质边坡和岩石路堑边坡。

图 4-12　锚杆混凝土框架植草防护

坡体中无不良结构面、风化破碎的岩石路堑边坡，宜采用非预应力的系统锚杆。

3）施工流程

锚杆混凝土框架植草防护施工流程见图 4-13。

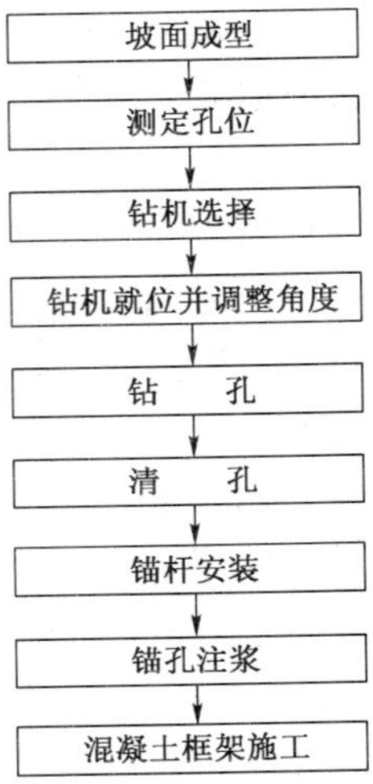

图 4-13　锚杆混凝土框架植草施工流程

（1）坡面成型。对于高陡边坡，施工时，边坡应坡顶向下逐级开挖，逐级加固，即开挖一级，防护一级，不得一次开挖到底。

（2）测定孔位。根据施工设计图，计算出锚杆布设范围内控制孔位点坐标，用仪器将其测放于坡面上，并用固定桩固定。坡面其他孔位点定位，以已测放出的控制孔位点为基准，用钢尺丈量即可。孔位允许偏差不大于 150mm。

（3）钻机选择。根据锚固地层的类别、锚杆孔径、锚杆深度以及施工场地条件等来选择钻孔设备。

（4）钻机就位并调整角度。锚杆孔位确定后，搭设钻机平台，并用锚杆将其与坡面固定。根据坡面测放孔位，准确安装固定钻机，并调整机位，确保开孔位准确。除锚杆孔位准确外，还须按设计调整钻孔倾角和方向，倾角允许误差不大于 2°。

（5）钻孔。钻孔要求干钻，禁止采用水钻，以确保锚杆施工不至于恶化边坡岩体的工程地质条件和保证孔壁的黏结性能。钻孔速度根据使用钻机性能和锚固地层严格控制，防止钻孔扭曲和变径，造成下锚困难或其他意外事故。钻孔深度允许偏差为不长于 200mm，不短于 50mm。

（6）清孔。钻进达到设计深度后，不能立即停钻，要求稳钻1 ~2 分钟，防止孔底尖灭，达不到设计孔径。钻孔孔壁不得有沉渣及水体黏滞，必须清理干净。在钻孔完成后，使用高压空气（风压 0.2 ~0.4MPa）将孔内岩粉及水体全部清除出孔外，以免降低水泥砂浆与孔壁岩土体的黏结强度。

（7）锚杆安装。锚杆有预应力和非预应力两种。杆体应严格按照设计图纸加工制作，若锚杆与混凝土框架钢筋相干扰，可局部调整框架钢筋间距。要确保每根钢筋顺直，并除锈、除油污。杆体入孔前需核对锚孔编号，确认无误后再人工缓慢将锚杆体放入孔内，用钢尺测量杆体孔外露出长度，确保锚杆锚固长度。

（8）锚孔注浆。注浆常采用二次高压劈裂注浆。一次常压注浆从孔底开始，如一次注浆不满，要补充注浆，直至注满为止。注浆压力不低于 2.5MPa，浆液宜按水灰比 0.45 ~0.5、灰砂比为 1∶1 配制。二次注浆在一次注浆形成的水泥结石体强度达到 5.0MPa 后，分段依次由下至上进行，注浆压力、注浆数量和注浆时间根据锚固体的体积及锚固地层情况确定。注浆结束后，将注浆管、注浆枪和注浆套管清洗干净，同时做好注浆记录。

（9）混凝土框架施工。混凝土框架施工流程见图 4-14。锚杆施工完后，测量放出框架位置，采用人工开挖框架槽体，石质坡面使用风镐开凿。框架钢筋绑扎先竖梁，后横梁。如为非预应力锚杆，锚杆尾部不需外露、不需加工丝口、不用螺帽和砼锚头封块，只需将锚杆尾部与竖梁钢筋相焊接成一整体。模板采用短钢筋固定在坡面上，线条美观。混凝土浇筑时，尤其在锚孔周围，钢筋较密集，需充分振捣，保证混凝土质量。

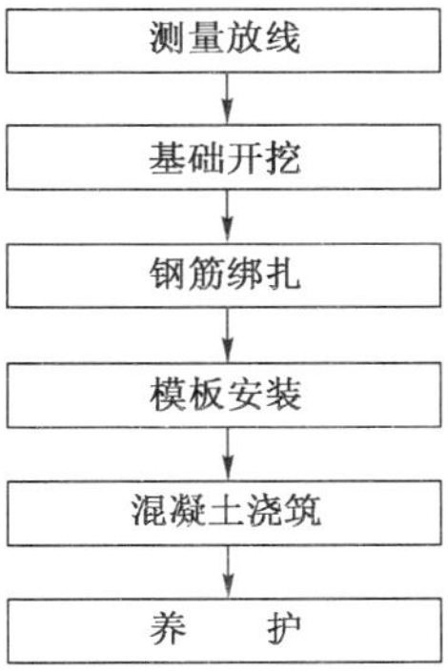

图 4-14　混凝土框架施工流程

4）施工注意事项

（1）当岩层破碎或松软饱水等易于塌缩孔和卡钻埋钻的地层中采用跟管钻进技术。

（2）钻孔时，如遇塌孔缩孔等不良钻进现象时，须立即停钻，及时进行固壁灌浆处理（灌浆压力 0.1 ~ 0.2MPa），待水泥砂浆初凝后，重新扫孔钻进。

（3）钻进过程中应对每个孔的地层变化，钻进状态（钻压、钻速）、地下水及一些特殊情况做好现场施工记录。

（4）清孔时，除相对坚硬完整之岩体锚固外，不得采用高压水冲洗。

三、 圬工防护

圬工防护包括喷浆或喷射混凝土防护（简称喷护）、锚杆挂网喷护、干砌片石、浆砌片（卵）石护坡和护面墙等结构形式。圬工防护用于路堑边坡防护时，应注意与边坡渗沟或排水孔配合使用，防止边坡产生变形破坏。

图 4-15　坡面喷射混凝土

1. 喷浆或喷射混凝土防护

1）适用条件

喷浆或喷射混凝土防护（见图 4-15），适用于边坡易风化、裂隙和节理发育、坡面不平整的岩石路堑边坡，且边坡较干燥，无流水侵入。对于高而陡的边坡，当需大面积防护时，采取此类型更为经济。

2）施工流程

喷浆或喷射混凝土防护施工流程见图4-16。

（1）施工准备。

在边坡进行喷射前，先清理坡面杂物，清除浮石及松动岩石，并用水冲洗。采取措施对泉水、渗水进行处治。对各种原材料进行试验检测，满足相关技术要求：

①水泥：应采用强度等级不低于 42.5 的普通硅酸盐水泥。

②砂：喷浆采用粒径为 0.1 ~ 0.25mm 的纯净细砂；喷射混凝土采用粒径为 0.25 ~ 0.5mm 的中粗砂，砂的含量不得超过 5%。

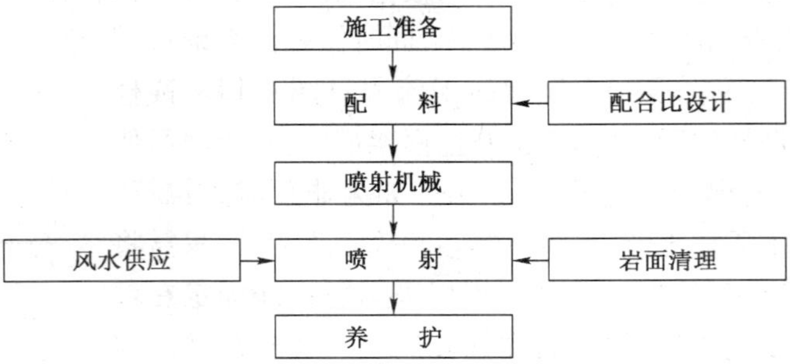

图 4-16　喷护施工流程

③混凝土粗集料：喷射混凝土的粗集料应采用纯净的卵石或碎石，最大粒径不得大于25mm，大于15mm的颗粒应控制在20%以下，针片状颗粒含量不得超过15%。

④速凝剂：速凝剂应采购信誉好的厂家生产的产品，掺量应根据需要通过试验确定。

（2）配合比设计。

水泥砂浆及混凝土的配合比应根据施工机械及当地的材料供应情况通过试验确定。常用的配合比（质量比）：水泥∶砂浆＝1∶4（水泥砂浆），水泥∶石灰∶砂＝1∶1∶6（水泥石灰砂浆），水泥∶砂∶粗集料＝1∶2∶2～1∶2∶3（混凝土）。

（3）喷射机械。

喷浆防护边坡常用机械喷护法施工，目前，喷浆工艺有三种：干喷、潮喷和湿喷，分别对应三种喷射机械，见图4-17。

a)　　b)　　c)

图 4-17　混凝土喷射机械

a）干喷机；b）潮喷机；c）湿喷机

（4）喷射。

喷射砂浆强度不应低于M10，厚度不宜小于50mm，一般为50～70mm；喷射混凝土的强度不应低于C15，厚度不宜小于80mm，一般为100～150mm，并应根据厚度分2～3层喷射。施工作业前，应通过试喷，选择合适的水灰比，以保证喷射坡面的质量。喷浆水灰比过小时，灰体表面颜色灰暗，出现干裂，回弹量大，粉尘飞扬；水灰比过大时，灰体表面起皱、拉毛、滑动，甚至流淌；水灰比合适时，灰体呈黏糊状，表面光滑平整，回弹量小。喷射作业过程中，除喷射手外，根据坡面地形条件、输料管长度等情况，一般还应安排人员辅助喷射手施工，如辅助管理、铲除回弹料等，见图4-18。

图 4-18 喷射作业

(5)养护。

砂浆或混凝土初凝后,应立即开始养生,养护期一般为 5 ~7 天。

3)施工注意事项

(1)喷射作业顺序应自下而上进行,喷枪咀应垂直坡面,并与坡面保持 0.6 ~1.0m 的距离。

(2)喷浆完成后,应及时对喷浆层顶部进行封闭处理。

(3)坡脚岩石风化比较严重时,应设高 1 ~2m、顶宽 40cm 的浆砌片石护裙。

(4)为防止堵塞,输料管直径以 20 ~30m 为宜,其喷射工作压力为 0.15 ~0.20MPa。喷咀供水压力要比喷射工作压力大 0.05 ~0.10MPa,以保证水与干料拌和均匀。

(5)喷浆施工严禁在结冰季节或大雨中进行作业。

(6)为保证施工安全,喷枪手应配戴防护面罩,戴防尘口罩,其他参加施工人员应戴防尘口罩。

(7)喷射作业时应按要求制取试件,在标准条件下养护 28d 后试压,作为喷浆或喷射混凝土的强度凭证。

(8)喷浆及喷射混凝土防护工程应经常检查维修,有杂草及时拔除,开裂处要及时灌浆勾缝,脱落处要及时补喷。

2. 锚杆挂网喷护

1)适用条件

当坡面岩体风化破碎严重时,为了加强防护的稳定性,则采用锚杆挂网喷射混凝土(喷浆)防护,见图 4-19。锚杆挂网喷护是“锚杆 + 钢筋网 + 喷混凝土(喷浆)”的联合支护形式,锚

图 4-19 锚杆挂网喷护

杆常用 B16～32mm 钢筋制作，钢筋网采用 4～10mm 的圆钢筋编制而成，孔径视边坡岩石情况而定，一般为 10cm。

2. 施工流程

锚杆挂网喷护施工流程见图 4-20。

(1) 清理坡面。将坡面上的危石、杂草、树木、浮渣等清理干净。

(2) 支架搭设。高速公路两边的高边坡较多，施工时采取分级开挖，分级支护。每级边坡垂直高度为 10m，防护施工为高空作业，因此要求施工排架必须牢固稳定，必要时要备安全绳及安全防护网。

(3) 锚杆孔成孔。除满足设计要求外，还要注意成孔角度，锚杆孔尽量垂直自然坡面，以利于挂网。锚杆钻孔前应根据设计要求及坡面岩石情况，定出孔位并作标记。锚杆孔距误差不宜超过 10cm。锚杆成孔方法详见前“锚杆混凝土框架植草防护”中锚杆施工方法类似，此处不再详述。

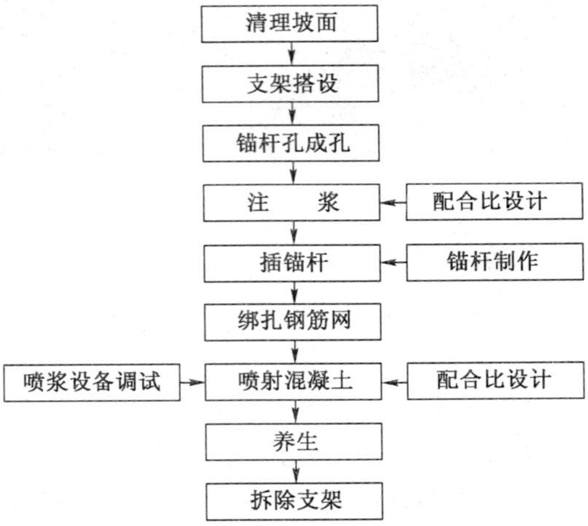

图 4-20　锚杆挂网喷护施工流程

(4) 注浆。注浆前，应对注浆材料进行原材料试验检测。注浆材料及配合比满足以下要求：

①水泥：应采用强度等级不低于 42.5 的普通硅酸盐水泥；

②砂：宜采用中细砂，粒径不大于 2.5mm，使用前应过筛；

③砂浆配合比为水泥:砂 = 1:1～1:2(重量比)，水灰比为 0.38～0.45。

砂浆应拌和均匀，并随拌随用。注浆开始或中途停止超过 30min 时，应用水或稀水泥浆润滑注浆罐及其管路。注浆时，注浆管应插至距孔底 5～10cm 处，随砂浆的注入缓慢匀速拔出。杆体插入后，若孔口无砂浆溢出，应及时补注。一次拌和的砂浆应在初凝前用完，并严防石块及杂物混入。

(5) 插锚杆。成孔后先进行注浆，注浆时若孔上无砂浆溢出应及时补浆，之后插入锚杆，注意锚杆稳定后，不要随意敲击，不准悬挂重物。锚杆杆体应平直、除锈、去污。

(6) 绑扎钢筋网：铺设钢筋网时要随坡面起伏变化而变化，钢筋网平铺于坡面上，与坡面距离不得小于 20mm，并用钢筋锚钉固定。钢筋网与锚杆连接牢固，最好焊接。

(7) 喷射混凝土和养生：详见前“喷护施工”。

3) 施工注意事项

(1) 锚杆应嵌入稳固基岩内，锚固深度根据设计要求结合岩体性质确定。锚杆孔深应大于锚固长度 200mm。

(2) 钢筋保护层厚度不宜小于 20mm。

(3) 固定锚杆的砂浆应捣固密实，钢筋网应与锚杆连接牢固。

(4) 铺设钢筋网前宜在岩面喷射一层混凝土，钢筋网与岩面的间隙宜为 30mm，然后再喷射混凝土至设计厚度。

(5) 喷射混凝土的厚度要均匀，钢筋网及锚杆不得外露。

(6) 做好泄、排水孔和伸缩缝。

(7)养护过程中如发现剥落、外鼓、裂纹和露钢筋网时，应先清理后补喷。

4)锚杆挂网喷护的优点

(1)技术先进成本低：与浆砌防护相比较先进，成本降低20%。

(2)施工速度快：施工简便，不受部位和方向的限制，不像浆砌防护那样受影响条件多，加快了施工进度。

(3)质量有保证：喷射混凝土具有较好的力学性能和整体性，可在坡面形成封闭的具有较高强度的混凝土保护壳，防止雨水对坡面的冲刷破坏。

3. 干砌片石护坡

1)适用条件

干砌片石护坡适用于坡度缓于1:1.25的土质路堑边坡或边坡易受地表水冲刷以及有少量地下水渗出，而产生小型溜坍等病害的地段见图4-21。

2)施工注意事项

(1)干砌片石厚度一般为0.3m。当边坡为粉质土、松散的砂或粉砂土等易被冲蚀的土时，在干砌片石的下面应设厚度不小于100mm的碎石或砂砾垫层。

(2)干砌片石护坡基础应选用较大石块砌筑，如基础与排水沟相连，其基础应设在沟底以下，并按设计要求砌筑浆砌片石。

(3)施工时，应自下而上进行立砌(栽砌)，砌块间彼此镶紧，接缝要错开，缝隙间用小石块填满塞紧。

图4-21 干砌片石护坡

(4)干砌片石施工质量标准见表4-1。

干砌片石施工质量标准 表4-1

项　次	检 查 项 目	规定值或允许偏差	检查方法和频率
1	厚度(mm)	±50	每100m^2抽查8点
2	顶面高程(mm)	±30	水准仪：每20m抽查5点
3	外形尺寸(mm)	±100	每20m或自然段，长宽各测5点
4	表面平整度(mm)	50	2m直尺：每20m测5点

4. 浆砌片(卵)石护坡

1)适用条件

浆砌片(卵)石护坡适用于坡度缓于1:1易风化的岩石边坡，以及坡面防护采用干砌片石不适宜或效果不好的边坡。对于严重潮湿或严重冻害的土质边坡，在未进行排水措施以前，则不宜采用浆砌片(卵)石护坡，见图4-22。

2)一般规定

(1)浆砌片石护坡一般采用等截面，其厚度视边坡高度及坡度而定，一般为300~400mm。

(2)边坡过高时应分级设平台，每级高度不宜超过20m，平台宽度视上级护坡基础的稳固要求而定，一般不超过1m。

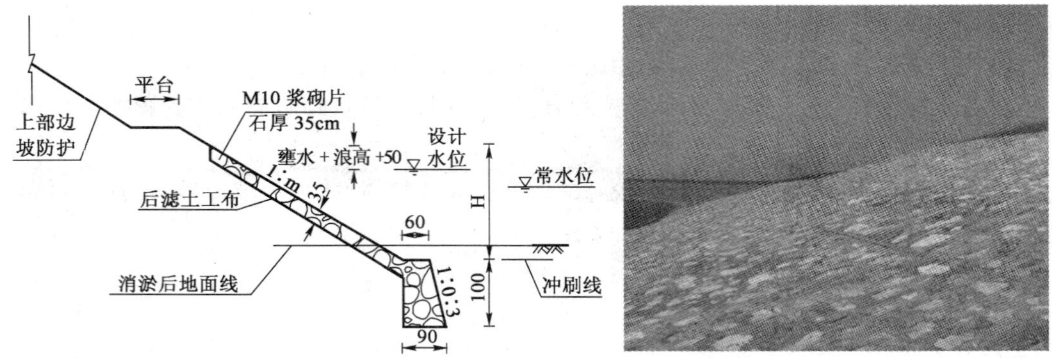

a)　　b)

图 4-22　浆砌片石

a)护坡设计图;b)施工完护坡

(3)护坡沿线路方向每隔 10 ~ 15m 应设伸缩缝一道,缝宽 20 ~ 30mm。在基底地质有变化处,应设沉降缝,可将伸缩缝与沉降缝合并设置。

(4)在护坡的下部应留泄水孔。

(5)为便于养护维修检查,应在坡面适当位置设置 0.6m 宽的台阶形踏步。

(6)浆砌片石施工质量标准见表 4-2。

浆砌砌体施工质量标准　　表 4-2

项次	检查项目	规定值或允许偏差		检查方法和频率
1	砂浆强度	不小于设计强度		每 1 工作台 2 组试件
2	顶面高程(mm)	料、块石	±15	水准仪:每 20m 抽查 5 点
		片石	±20	
3	底面高程(mm)	−20		
4	坡度或垂直度(%)	料、块石	0.3	吊垂线:每 20m 抽查 5 点
		片石	0.5	
5	断面尺寸(mm)	料、混凝土块	±20	尺量:每 20m 抽查 5 点
		块石	±30	
		片石	±50	
6	墙面距路基中线(mm)	±50		尺量:每 20m 抽查 5 点
7	表面平整度(mm)	料、混凝土块	10	2m 直尺:每 20m 抽查 5 处
		块石	20	
		片石	30	

3)施工注意事项

(1)当用于路堤边坡,应待路堤完成沉降后再施工。

(2)当护坡面积大,且边坡较陡或坡面变形较严重时,为增强护坡自身稳定性,可采用肋式护坡。

(3)砂浆终凝前,砌体应覆盖,砂浆初凝后,立即进行养生。

(4)在冻胀变化较大的土质边坡上,护坡底面应铺设 100 ~ 150mm 厚的碎石或砂砾垫层。

5. 浆砌片石护面墙

1)适用条件

浆砌片石护面墙能防护治理比较严重的坡面变形,适用于各种土质边坡及易风化剥落而破碎的岩石边坡。在公路工程中,护面墙多用于覆盖各种软质岩石层和较破碎岩石的挖方边坡防护,如易风化的云母片岩、绿片岩、泥质页岩、千枚岩及其他风化严重的软质岩层和较破碎的岩石地段的坡面防护,以防止自然因素的影响继续风化破坏。护面墙在高速公路路堑边坡防护中应用比较普遍,且边坡稳定,效果较好,见图 4-23、图4-24。

图 4-23 菱形窗式护面墙

浆砌片石护面墙有实体护面墙、窗孔式护面墙、拱式护面墙及肋式护面墙,各种护面墙的具体适用条件见表 4-3 所示。

浆砌片石护面墙分类及适用条件 表 4-3

分类要素	名称	适用条件	备注
根据边坡的高度、坡度及岩石破碎情况	实体护面墙	土质及破碎岩石边坡	分等截面和变截面两种形式
	窗孔式护面墙	边坡缓于 1:0.75 时	窗孔内采用捶面或干砌片石
	肋式护面墙	边坡岩层较完整且坡度较陡时	
	拱式护面墙	边坡下部岩层较完整而需防护上部边坡时	

2)实体护面墙

实体护面墙分等截面和变截面两种。

(1)等截面护面墙厚度一般为 0.5m,其高度为:当边坡为 1:0.3 ~ 1:0.5 时,不宜超过 6m;当边坡缓于 1:0.5 ~ 1:1 时,不宜超过 10m。

(2)变截面护面墙墙顶宽度 b 一般为 0.4m,底宽 B 根据墙高而定:

$$B + b + \frac{H}{10} \text{或} B = b + \frac{H}{20} \tag{4-1}$$

采用$\frac{H}{10}$还是$\frac{H}{20}$应根据边坡坡度及墙基承载力的要求确定。边坡陡于或等于 1:0.5 时,采用前者;边坡为 1:0.5 ~ 1:0.75 时,采用后者。

变截面护面墙的高度,单级不宜超过 20m,否则应采用双级或三级护面墙,但总高度一般不宜超过 30m。双线或三级护面墙的上墙高不应大于下墙高,下墙的截面应比上墙大,上下墙之间应设错台,其宽度应使上墙修筑在坚固牢靠的基础上,错台宽度一般不宜小于 1m。

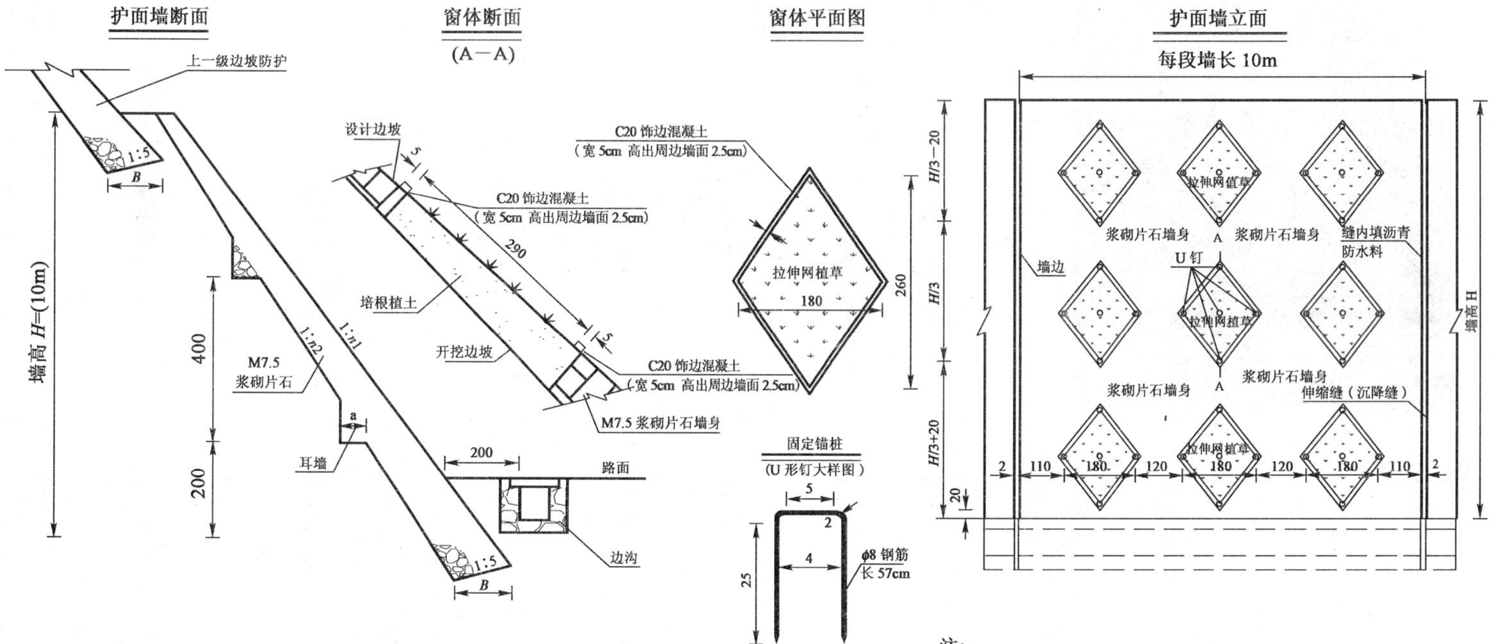

参数及工程数量表

墙面坡率 n1	墙背坡率 n2	顶宽 b(m)	底宽 B(m)	耳墙宽 a(m)	M7.5 浆砌 MU30 片石 (m^3/m)	镶边石(C20 混凝土)(m^3/m)	土工网 (m^2/m)	U 形钉 根/m	喷播草籽 m^2/m	根植土 m^3/m
0.75	0.70	0.40	0.044H+0.386	1.00	$0.25H^2+0.265H+3.600$	0.014H	0.186H	1H	0.168H	0.078H
1.00	0.95	0.40	0.042H+0.370	1.00	$0.25H^2+0.288H+3.300$	0.013H	0.167H		0.149H	0.069H
1.25	1.25	0.50	0.400	1.00	0.368H+3.000	0.008H	0.150H		0.132H	0.066H
1.50	1.50	0.55	0.423	1.00	0.424H+2.700	0.008H	0.135H		0.117H	0.067H

注:
1. 图中尺寸均以厘米计，表中 H 以 m 计。
2. 本图适用于强风化岩土稳定挖方边坡防护。
3. 护面墙每 10m 长为一段，中间设置伸缩缝（缝宽 2cm，内填沥青防水材料）。
4. 表中每延米防护数量已综合考虑过边坡开挖面的不平整浆砌片石增量。
5. 护面墙窗体的布置应以美观为原则，墙高 8m 时设 2 排，墙高 10m 时设 3 排。
6. 本图未说明之处，请按有关规范及标准执行。

图 4-24 菱形窗式绿化护面墙设计图

(3)护面墙基础。护面墙基础应置于冻结线以下，地基承载力一般不宜小于0.3MPa，否则应采取加固措施。一般将墙底做成倾斜的反坡，其倾斜度，土质地基采用0.1～0.2，岩石地基采用0.2或等于墙面坡度。

(4)耳墙。为增加护面墙的稳定性，当护面墙高度超过8m时，在墙背中部设置耳墙一道；护面墙高度超过13m时，设置耳墙两道，间距4～6m。当墙背坡度陡于1:0.5时，耳墙宽0.5m；墙背坡度缓于1:0.5时，耳墙宽1.0m。

3)窗孔式护面墙

窗孔式护面墙的窗孔通常为半圆拱形，高2.5～3.5m，宽2.0～3.0m，圆拱半径1.0～1.5m。

4)拱式护面墙

当拱跨大于5.0m时，多采用混凝土拱圈。拱圈厚度应根据拱圈上部护面墙垂直高度而定，墙高5m，采用20cm；墙高10m时采用24cm；墙高15m时采用30cm。拱矢高为81cm。

当护面墙为变截面时，拱圈以下的肋柱采用等厚截面。当拱跨为2～3m时，拱圈可采用M10水泥砂浆砌块石。拱的高度视边坡下部岩层的完整程度而定。

5)浆砌片石护面墙施工注意事项

(1)护面墙施工应先清除边坡风化层至新鲜岩面。对风化迅速的岩层，清挖到新鲜岩面后立即修筑护面墙。

(2)护面墙背必须与路基坡面密贴，边坡局部凹陷处，应挖成台阶后用与墙身相同的圬工砌补，不得回填土石或干砌片石。

(3)各式护面墙墙顶均应设置25cm厚的墙帽，并使其嵌入边坡20cm，以防雨水灌入。

(4)护面墙每10～20m应设伸缩缝一道。护面墙基础建在不同地基上时，在相接处应设沉降缝。沉降缝及伸缩缝的宽度为2cm，可用沥青麻筋或沥青木板填塞。

(5)在施工护面墙防护过程中，如果坡面中地下水不能顺利排出，则会严重影响护面墙的稳定和使用寿命。因此，以坡体内有地下水的路段，应采取有效排水措施，设置并施工好倾斜排水孔或边坡渗水沟。护面墙应设10cm×10cm或直径为10cm的泄水孔，泄水孔上下左右间隔3m交错布置，泄水孔纵坡5%，孔后应设碎石和砂砾反滤层。

(6)护面墙高度等于或大于6m时，应设置检查梯和拴绳环，多级护面墙还应在上下检查梯之间的错台上设置安全栏杆，以便于养护维修。

(7)护面墙施工应重视洒水养生工作。

四、封面捶面防护

1.封面防护

1)适用条件

封面防护适用于尚未严重风化的各种易风化岩石的路堑边坡，如页岩、泥岩、泥灰岩、千枚岩等。

2)一般要求

(1)封面防护的坡度不受限制，但坡面应较干燥。封面厚度3～7cm，分为2～3层，使用年限8～10年。

(2)封面不能承受荷载，不能承受土压力，要求边坡必须平整、干燥、稳定。

(3)封面工程的周边及未防护的坡面衔接处应严格封闭。可在边坡顶部作断面为20cm×20cm的小型截水沟,沟底及沟帮可用砂浆封面,厚度为10cm;也可在坡顶凿槽,槽深不小于10cm,并和相衔接边面平顺;坡脚宜设1~2cm高的浆砌片石护坡。

(4)在软石岩层相间的边坡上,仅对软岩层封面时,在软硬分界处,封面应嵌入硬岩层至少10cm。

(5)大面积封面时,每隔5~10m应设伸缩缝一道,缝宽1~2cm,缝内用沥青麻筋或油填充。

(6)根据当地的气候条件,若需增强封面的抗冲蚀能力和防止表面开裂而对外观要求不高时,可在表面涂沥青保护层。

(7)封面材料的配合比,可根据当地的材料情况选择。水泥砂浆1:3~1:4(体积比),水泥石灰砂浆1:2:9(体积比)。

(8)封面防护施工质量标准见表4-4。

封面、捶面防护施工质量标准 表4-4

项 次	检查项目	规定值或允许偏差	检查方法和频率
1	厚度	+20%、-10%	每10m检查1个断面,每3m检查2个点

3)施工注意事项

(1)封面前岩体表面要冲洗干净,土体表面要平整、密实、湿润。

(2)封面前边坡上大的凹陷应用浆砌片石嵌补,宽的裂缝应灌浆。

(3)对岩石较坚硬而不易风化的挖方边坡,为防止水分渗入岩石裂隙造成病害,可视裂隙的深浅与宽窄,分别予以灌缝与勾缝。

(4)封面不宜在严寒季节、雨天及日照强烈时施工,其适宜的气温为4~30℃。

(5)封面工程应经常检查维修,如发现裂纹或脱落,要及时灌浆修补。

2.捶面防护

1)适用条件

捶面适用于易受冲刷的土质边坡或易受风化剥落的岩石边坡,边坡坡度不大于1:0.5,使用年限为10~15年。

2)一般要求

(1)捶面厚度为10~15cm,一般采用等厚截面。当边坡较高时,采用上薄下厚截面。

(2)捶面护坡与未防护坡面衔接处应封闭,措施与封面相同。

(3)捶面材料及配合比。

①捶面材料常用水泥、石灰、沙子、炉渣、黏土等。

②材料配合比应根据材料的情况选择,一般情况下为水泥:石灰:沙子:炉渣=1:3:6:9(重量比);石灰:黏土:沙子:炉渣=1:2.5:5:9(重量比);水泥:沙子:炉渣=1:3:7(重量比);石灰:黏土:炉渣=1:1:4(体积比)。

(4)捶面不能承受荷载,不能承受土压力,要求边坡必须平整、干燥、稳定。

(5)捶面防护施工质量标准见表4-4。

3)施工注意事项

(1)捶面前应清理坡面,当边坡有抗凹时,应填补处理。在土质边坡上,为使捶面与坡面贴牢,可在坡面挖小台阶或锯齿,齿深5~10cm,间隔50~100cm。

（2）捶面施工时先洒石灰水润湿坡面，捶面夯拍用力要均匀，提浆要及时，提浆后2～3h，实行洒水养护3～5d。

（3）伸缩缝设置、边坡封顶、排水、养生方法、气候要求与封面防护施工要求相同。

任务实施一

学习情境四：路基防护与加固工程施工		课时：
工作任务4-1：三维植被网防护		课时：
工作过程	基本工作内容	相关要求
技术资讯	室内熟悉三维植被网结构、防护原理、施工工艺流程—现场查看坡面情况、植被网准备情况	1. 在实训基地内完成100m现有边坡三维植被网防护施工。 2. 编写植被网防护施工报告，分析施工过程中出现的问题与解决措施，总结施工经验。
决策	确定施工组织方案—落实工作分工与人员责任	
计划	编制施工进度计划，制定质量、安全措施	
实施	准备工作（领取植被网、辅助材料和工具），按工艺流程组织施工，解决常见问题，安全与环境保护	
检查	刷坡后坡面坡率、沟槽尺寸、植被网铺设与固定、覆土厚度、草籽均匀性	
评价	编写植被网施工情况报告，评价施工中出现的技术问题，提出解决措施建议，总结施工经验	
工作任务载体：实训基地现有边坡植被网防护施工		

任务实施二

学习情境四：路基防护与加固工程施工		课时：
工作任务4-2：锚杆喷射混凝土防护		课时：
工作过程	基本工作内容	相关要求
技术资讯	室内熟悉锚杆喷射混凝土工艺流程、设计文件—现场查看施工场地条件与坡面情况	1. 在实训基地内完成100m现有边坡锚喷混凝土防护施工。 2. 编写锚喷混凝土防护施工报告，分析施工过程中出现的问题与解决措施，总结施工经验。
决策	锚喷施工方案选择—落实工作分工与人员责任	
计划	编制施工进度计划，制定质量、安全措施	
实施	准备工作（锚杆制作、砂浆与混凝土拌制、施工机具检查就位），按工艺流程组织施工，解决常见问题，安全与环境保护	
检查	坡面坡率、钻孔深度、锚杆长度、钢筋网绑扎、喷射混凝土次数与厚度	
评价	编写锚喷混凝土施工情况报告，评价施工中出现的技术问题，提出解决措施建议，总结施工经验	
工作任务载体：实训基地现有边坡锚喷混凝土防护施工		

工作任务4.2 路基冲刷防护

学习目标

1. 叙述路基冲刷防护常用的措施；
2. 知道路基冲刷防护类型的适用条件和施工工艺；
3. 分析路基冲刷防护类型的优缺点，选择合适的防护类型；
4. 根据公路路基施工技术规范完成冲刷防护施工技术作业；
5. 正确完成给定的具体路基工程，选择适当的冲刷防护措施，编制施工工艺流程。

任务描述

通过完成本任务，要明确公路路基冲刷防护常采用的措施及各种措施的适用条件。针对具体的路基实例，应能提出切实可行的冲刷防护方案，编制出相应的施工流程和施工注意事项。

学习引导

本工作任务沿着以下脉络进行学习：

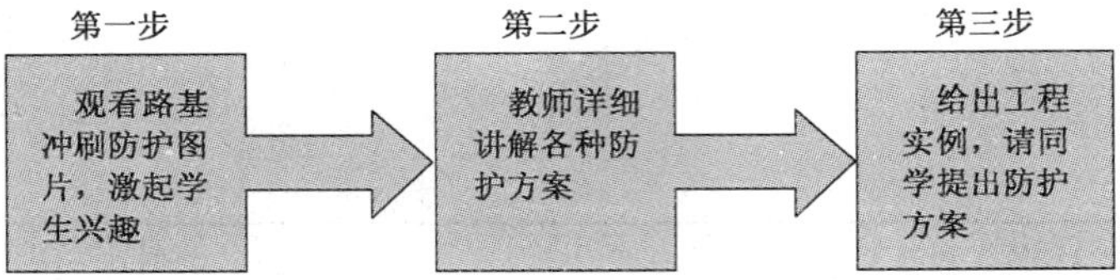

相关知识

山区公路路线沿河或傍水库修建时，因河流的天然演变，路基及岸坡都经常地或周期性地受到水流的冲刷作用。为了保证公路路基及岸坡的稳固和安全，必须采取有效的冲刷防护措施，对路基进行防护。

沿河路基防护一般分直接和间接防护两种，各种防护措施详见表4-5。

路基冲刷防护方法 表4-5

序　　号	防护方法	方法名称	说　　明
1	直接防护	抛石(或堆石)防护	主要用于水下边坡，应用很广
2		干砌片石防护	适用于周期性浸水的位于河滩或台地边缘的路基边坡
3		浆砌片石防护	适用于经常浸水的受主流冲刷或受较强烈的波浪作用的路基边坡和河岸及水库边岸

续上表

序号	防护方法	方法名称	说明
4	直接防护	石笼防护	具有较好的强度和柔性，采用垒砌形式
5		浸水挡土墙防护	适用于在峡谷急流的河段
6	间接防护	导流坝	常用的有挑水坝和顺水坝
7		防护林带	适宜于被防护的路基外侧有宽阔的河滩或仅在洪水时才被淹没的台地
8		改河道	适用于山区及半山区河道弯曲不规则的河段

一、直接防护

所谓直接防护就是对边坡直接加固，以抵抗水流的冲刷及淘刷作用。

直接防护适用条件为水流流速不太大、流向与河岸路基接近平行的地段；路基位于宽阔的河滩、凸岸及台地边缘等，水流破坏作用较弱的地段。若在山区河流狭窄的地段，虽然纵坡陡，流速大，破坏作用较强烈，但因受地形条件的限制，很难改变水流的性质，不得不采取直接加固的方法。

1. 抛石(或堆石)防护

1)适用条件与作用

抛石防护应用范围很广，主要用于稳固水下边坡。对于经常浸水且水较深地段的路基边坡防护及洪水季节防洪抢险更为常用见图4-25。

抛石可以防止水下边坡遭受水流冲刷和波浪对路基边坡的破坏，以及淘空坡脚。

图4-25　抛石防护

2)一般规定

(1)石料选取。

抛石防护类似在坡脚处设置护脚，所抛石料应选用坚硬不易风化的石料。抛石的粒径大小与水流速度、水深、浪高及边坡坡度有关，石料粒径一般不小于300～500mm，其石料粒径与水深、流速的关系见表4-6。为了使抛石有一定的密实度，宜用大小不同的石块掺杂抛投。

抛石粒径与水深、流速的关系　　表4-6

抛石粒径(cm)	水深(m)				
	0.4	1.0	2.0	3.0	5.0
	流速(m/s)				
15	2.70	3.00	3.40	3.70	4.00
20	3.15	3.45	3.90	4.20	4.50
30	3.50	3.95	4.25	4.45	5.00
40	—	4.30	4.45	4.80	5.05
50	—	—	4.85	5.00	5.40

抛石尺寸可按下式计算：

$$D = \frac{v^2}{(\Delta - \Delta_0)A^2\cos\alpha} \tag{4-2}$$

式中：D——石块平均粒径 m；

v——石块被水流移动的临界流速 m/s；

Δ、Δ_0——石块的容重（kN/m^3）及水的相对密度；

A——系数：块石在河底移动时，$A=3.8$，块石在抛石上移动时，$A=5.3$；

α——抛石堆表面与水平线的倾角。

（2）抛石坡度。

抛石切忌乱抛，抛石坡度应根据水深、流速和波浪情况确定。抛石边坡坡度值见表4-7。

抛石边坡坡度值 表4-7

水文条件	采用边坡
水浅，流速较小	1:1.2～1:2.5
水深2～6m，流速较大，波浪汹涌	1:2～1:3
水深大于6m，在急流中施工	缓于1:2

（3）抛石厚度。

宜为粒径的3～4倍；用大粒径时，不得小于2倍。

（4）抛石类型。

常用的抛石类型有普通抛石和带反滤层抛石。反滤层的作用是为了在洪水退走后，使路堤本身迅速干燥，减少路基土被冲走，适用于黏质土路堤并应在枯水时施工。反滤层一般分层设置，从里向外第一层可用10～15cm厚的粗中砂；第二层厚10～20cm，可用粒径为1～3cm的砾石；第三层可用厚度为20cm的碎石或卵石。

3）施工注意事项

（1）抛石防护石堆的顶面高程，应为设计水位加上波浪侵袭、壅水高度及0.5m的安全高度。基底埋设在冲刷深度以下不小于1.0m或嵌入基岩内。顶部宽度应不小于1.0m，底部尺寸由抛石顶外侧，按抛石外侧坡度放坡与河底的交点到边坡坡脚的距离确定。

（2）对于波浪很强烈的水库边岸防护或海岸防护，当需要的石块尺寸及质量过大时，可采用混凝土预制的异形块体作为护面抛投或铺砌材料。

（3）除特殊情况外，抛石防护宜在枯水季节施工。

2. 干砌片石防护

1）适用条件

干砌片石适用于易受水流侵蚀的土质边坡、严重剥落的软质岩石边坡、周期性浸水及受冲刷轻的且流速为2～4m/s的河岸路基及边坡。根据护坡的厚度常分为单层干砌片石和双层干砌片石两种。

2）一般规定

（1）石料应选用未风化的坚硬岩石。

（2）干砌片石时，不得大面平铺，石块应彼此交错搭接，不得松动。

3)施工注意事项

(1)为了防止边坡内的细粒土被水流冲淘出来和增加护坡的弹性,以抵抗外力的冲击作用,在干砌护坡面层与边坡土之间设置1~2层的砂砾垫层,垫层厚度10~15cm。

(2)干砌片石护坡砌筑前应先夯实整平边坡,砌筑石块要互相嵌紧,以增强护坡的稳定性。

(3)干砌护坡顶的高度应为路基设计洪水位高加可能的壅水高、波浪侵袭高,再加0.5m的安全高度。

(4)护坡基础应按可能的最大冲刷深度处理。当冲刷深度1.0m时,可采用墁石铺砌基础,其断面常用倒梯形,表面宽度不小于冲刷深度的1.5倍。墁石铺砌表层石块宜用比护坡石块宽度更大尺寸的。当冲刷深度大于1.0m时,宜用浆砌片石脚墙基础并埋置在冲刷深度线以下。

(5)干砌护坡厚度等于或大于35cm时,应采用双层铺砌。双层铺砌时应注意上下层之间的石块要很好地咬合嵌紧,上层石块的尺寸应大于下层石块的尺寸。

3. 浆砌片石防护

1)适用条件

浆砌片石护坡适用于经常浸水的受水流冲刷或受较强烈的波浪作用的路基边坡防护和河岸及水库边岸防护,也可用于有流冰及封冻的河岸边坡防护。

2)一般规定

(1)砌筑护坡的石料宜选用坚硬、耐冻、未风化的石料,其抗压强度不小于30MPa。

(2)用于冲刷防护的浆砌片石护坡的最小厚度一般不小于35cm,并采用双层浆砌,在非严寒地区可使用M7.5砂浆,在严寒地区应使用M10砂浆。

(3)浆砌片石护坡应设适当厚度的垫层。当护坡厚度较大时,可采用厚度为15~25cm的砂砾垫层。砌筑前坡面应整平拍实。

(4)用于冲刷防护的浆砌片石护坡基础以脚墙为好。当冲刷深度小于3.5m时,可将基础直接埋置在冲刷深度线以下0.5~1.0m,并考虑基础底面置于河槽最深点以下。当冲刷深度更深时,可将基础埋置在冲刷深度线以上较稳定的且有足够承载力的地层内,而在基脚前采用适当的平面防淘措施。

(5)浆砌片石护坡应设置伸缩缝,间距10~15m,缝宽2cm,用沥青麻筋或沥青木板填塞。

(6)为了排除护坡可能的积水,应在护坡的中下部设置交错排列的泄水孔,可采用10cm×15cm的矩形孔或直径为10cm的圆形孔,孔的间距为2~3m。泄水孔后附近范围内应设反滤层,以防淤塞。

4. 石笼防护

1)适用条件

石笼是河床加固和路堤防止冲刷效果较好的柔性体防护。铁丝石笼能经受较高流速的冲刷,一般可抵抗4~5m/s的流速,体积大的可抵抗5~6m/s的流速,允许波浪高1.5~1.8m的水流。因此,石笼防护适用于水流含有大量泥沙及基底地质良好的路基边坡,见图4-26。

2)石笼防护的优缺点

石笼优点是具有较好的强度和柔性,而且可利用较小的石料。当水流中含有大量泥沙时,石笼中的空隙能很快淤满，而形成一个整体的防护层。缺点是铁丝网易锈蚀，使用年限一般只有 8 ~12 年。当水流中带有较多的滚石时，容易将铁丝网冲破，此时一般不宜采用。

图 4-26　石笼防护

3）石笼制作

（1）石笼网可用镀锌铁丝和普通铁丝编织，有规则形状的石笼应用，6 ~ 8mm 的钢筋组成框架，然后编织网格。网孔形状以六角形为好，常用的网孔尺寸有 6 × 8cm、8 × 10cm、10 × 12cm、12 × 15cm 等。具体采用何种规格应根据填充石料的最大粒径确定，网孔宜略小于最大粒径。编网时宜用双结以防网孔变形。

（2）石笼的外形一般为箱形和圆柱形。石笼的断面尺寸，长方体常采用宽 1.0m，高 1.0m；扁长方体一般采用宽 1.0m，高 0.5m；圆柱体的直径一般采用 0.5 ~ 1.0m。

（3）石笼的长度可按需要而定，但每隔 3 ~ 4m 应设置横向框架一道。当石笼全长小于或等于 12m 时，纵向框架筋宜用 6mm 钢筋；当石笼长大于 12m 时，纵向框架筋宜用 8mm 钢筋；横向框架可用 6mm 钢筋。

（4）底层扁长方体石笼的一端的上下纵向主骨架筋可做成挂环，以便于锚定石笼。骨架筋的连接宜采用环绕自身紧缠 3 圈的扭结，以防石笼受力下垂时被拉散。

（5）长方体和扁长方体的笼盖与笼体的连接以及相邻石笼之间的连接，可沿连接线每隔 0.2m 用铁丝对折成双线绕两圈扭三个花。

4）一般规定

（1）应选用浸水不崩解、不易风化的石料。

（2）基底应大致整平，必要时用碎石或砾石垫层找平。

（3）石笼应做到位置正确，搭叠衔接稳固、紧密，确保整体性。

（4）石笼防护施工质量应符合表 4-8 的规定。

石笼防护施工质量标准　　表 4-8

项次	检 查 项 目	规定值或允许偏差	检查方法和频率
1	平面位置（mm）	符合设计要求	经纬仪：按设计图控制坐标检查
2	长度（mm）	不小于设计长度 -300	尺量：每个（段）检查
3	宽度（mm）	不小于设计长度 -200	尺量：每个（段）检查 8 处
4	高度（mm）	不小于设计	水准仪或尺量：每个（段）检查 8 处
5	底面高程（mm）	不高于设计	水准仪：每个（段）检查 8 点

5）施工注意事项

（1）石笼防护用于防护岸时，一般采用垒砌形式，只有当边坡坡度等于或缓于 1∶2时才采用平铺形式。

(2)用于防护基础淘刷时,一般采用平铺于河床并与坡脚线垂直安放,同时将与基础连接处钉牢固定,其铺设长度不宜小于河床冲刷深度的 1.5 ~2 倍。

(3)贴近网孔的外层应用较大的石块仔细码砌,并使石块的棱角突出网孔以外,以利保护铁丝网;内层可用较小的石块填充。

(4)为了施工方便,石笼防护应在枯水季节施工。

5. 浸水挡土墙防护

挡土墙是用来支撑陡坡以保持土体稳定的一种构造物,它所承受的主要荷载是土压力。浸水挡土墙是挡土墙众多种类中的一种,其作用是避免沿河路基挤缩河床,防止水流冲刷路基。因此,浸水挡土墙防护适用在峡谷急流的河段,因地形限制不宜设置其他类型的冲刷防护时,见图 4-27。用于冲刷防护的挡土墙,应按浸水条件及所受土压力、水流作用力或波浪作用力等荷载的最不利组合进行设计。

图 4-27　浸水挡土墙

浸水挡土墙应选用坚硬未风化且浸水不崩解的石块。

浸水挡土墙的基础应妥善处理,最好埋置在不被冲刷的岩层上。对于可能被冲刷的河床地层,则应将基础理置在冲刷深度线以下不小于 1.0m。若冲刷深度很深时,应根据河床的地质情况采用桩基础或连续墙基础,或者在有条件时采用平面防淘措施。

为了减小墙后的渗透压力和排除墙后积水,应根据当地自然条件和墙后可能积水情况设置适当的集水和排水设施。

浸水挡土墙的施工详见工作任务 4.3 滑坡防护。

二、间接防护

间接防护是用导流或阻流的方法来改变水流的性质,或者迫使主流流向偏离被防护的地段,或者改变河槽中冲刷和淤积的部位,以达到间接地防护河岸路基的目的。

间接防护的适用条件为河床较宽,冲刷和淤积大致平衡,水流性质较易改变的河段;有些地方可以顺河势布置横向导流建筑物时,可采用挑水坝;当防护地段较长时,则更适宜。其优点是防护效果好,而且工程费用也比直接防护少。对于不宜过多地侵占河槽的情况,则宜采用顺水坝使水流偏转,以达到防护的目的。

采用间接防护时,或多或少地侵占了一部分河床断面,因而不同程度地压缩和紊乱了原来的水流,加重了其他地方的冲刷和淘刷作用。所以应特别注意修建这类防护建筑物后对被防护地段上下游及对岸的影响,应防止对农田水利、居民点及重要建筑物造成损害,而引起纠纷。

1. 导流构造物

常用的导流构造物有挑水坝和顺水坝,挑水坝也叫丁坝。

1)挑水坝

挑水坝的作用是迫使水流改变方向离开被防护的河岸。挑水坝压缩水流断面较多,能强烈地扰乱原来的水流。单个挑水坝起不到防护作用,必须是成群布置。

挑水坝可由乱石堆砌而成，或砌片石。其断面一般采用梯形，坝身的顶宽一般为 2 ~ 3m，坝头顶宽 3 ~ 4m，下游边坡较缓。一般为 1:1.5 ~ 1:2，上游为 1:1.0 ~ 1:1.5。坝的长度不宜太长，一般不超过稳定河宽的 1/4。挑水坝的布置间距，山区弯曲河段可考虑为坝长的 1 ~ 2.5 倍；顺直河段则为坝长的 3 ~ 4 倍。

由于挑水坝坝根与河岸相接，容易被冲开而使挑水坝失去作用，所以应结合地质及水流特点将坝根嵌入岸边 3 ~ 5m，并在上下游加设防冲刷措施。

挑水坝群的布置形式有上挑、下挑及垂直布置。上挑式坝轴线与水流方向的夹角小于 90°，下挑式坝轴线与水流方向的夹角大于 90°，垂直布置坝轴线与水流方向的夹角为 90°。按洪水淹没情况又分为漫水式和不漫水式。不漫水的挑水坝宜布置成下挑式，以减轻水流对坝头的冲击作用。漫水的挑水坝宜布置成垂直或上挑式，以减低坝顶溢流的流速。在平原、半山区的宽浅河段，水流易于摆动，当流速和冲刷力不大时，也可将水漫水坝布置成垂直或上挑的形式，以促进坝间淤积，较快地形成新岸。

2）顺水坝

顺水坝常与水流平行，导流建筑物的轴线大体沿导治线的边缘线布置。顺水坝的作用是导使水流较匀顺和缓地改变方向，偏离被防护的河岸。

顺水坝压缩水流断面较少，并不扰乱或很少扰乱原来的水流，不致引起过大的冲刷，坝体和基础的防护均可较轻。但坝的全长与被防护地段的长度相等，故造价较高。

顺水坝的结构，大体与挑水坝相同。坝头受力比挑水坝小，一般无需加宽，顶宽 1 ~ 2m，迎水面边坡为 1:1.5 ~ 1:2.5，背水边坡为 1:1 ~ 1:1.5。坝的长度为防止冲刷河岸长的 2/3。

顺水坝的起点应选择在水流匀顺的过渡地段，坝根应牢固嵌入河岸 3 ~ 5m，终点可省河岸连在一起，下游端与河岸留有缺口，以宣泄坝后水流。顺水坝一般以漫水式居多，坝顶与中水位齐平。

2. 防护林带

植林须有适宜的条件，主要应该有利于林带的成活和快速生长，适宜于被防护的路基外侧有宽阔的河滩或仅在洪水时才被淹没的台地，河滩及台地的土质适宜树木生成，有洪水时的流速不大于 3.0m/s。

防护林带的作用是洪水期使流速降低，减缓冲刷，泥沙沉积，从而起到防护的效果。

防护林带最适宜栽植杨柳类的乔木和灌木。其特点是生长快，对土的要求低，根系发达，枝梢茂密，较长期经受水淹而仍能成活。栽培时宜成行，行列可与水流方向成正交或逆水方向斜交约 45°。当水流流速小于 1.0m/s 时，可用单棵插枝法；当流速大于 1.0m/s 时，宜用成束插枝法，每束 5 ~ 6 棵。插枝时应插在预先挖好的小圆穴内并注意培土。林带的边缘部分易受水流冲击，应采用编笆插枝法。在预先挖好的引水沟内成束插枝并按棵距钉入木桩，用长约 1.5 ~ 2.0m 的柳条组成编笆。林带的行距可用 0.8 ~ 1.5m，棵距 0.4 ~ 0.8m。

沿河岸或路基护脚，宜采用灌木与乔木种植，并每隔 10 ~ 20m 的相等间距设置编笆一道，以促使泥沙淤积，防止坡脚冲刷。

植树宜在秋末季节进行。

防护林带的布置应按导流堤设计原理，即应为顺上游流势的圆顺曲线。由水流的边缘轮廓线至被防护的河岸或路基坡脚之间，按规定的行距和棵距整片栽植，行列的方向宜逆水方向倾斜 45°。

3. 改河道防护

改河道防护适用于山区及半山区河道弯曲不规则的河段，通过改弯取直或将急转弯改圆顺，以达到路基防护的目的。

改沟道防护时，挖河道的工程量较大，施工时应组织机械设备赶在洪水期之前完成，以保证已施工路基的安全。

改河施工时，应按设计要求开挖河道及处理弃方。

任务实施一

学习情境四：路基防护与加固工程施工		
工作任务 4-2-1：浆砌片石防护		
工作过程	基本工作内容	相关要求
技术资讯	室内熟悉浆砌片石施工工艺流程、设计文件—现场查看坡面情况、施工场地条件—制定施工比选方案	1. 在实训基地内完成 50m 现有边坡浆砌片石护坡施工 2. 编写浆砌片石护坡施工报告，分析施工过程中出现的问题与解决措施，总结施工经验
决策	确定施工方案—落实工作分工与人员责任	
计划	编制施工进度计划，制定质量、安全措施	
实施	准备工作（片石运送到位、砂浆拌制），按工艺流程组织施工，解决常见问题，安全与环境保护	
检查	护坡坡率、垫层厚度、伸缩缝和泄水孔设置、砂浆饱和度	
评价	编写片石护坡施工情况报告，评价施工中出现的技术问题，提出解决措施建议，总结施工经验	
工作任务载体：实训基地现有边坡浆砌片石护坡施工		

任务实施二

学习情境四：路基防护与加固工程施工		
工作任务 4-2-2：挡土墙防护		
工作过程	基本工作内容	相关要求
技术资讯	室内熟悉浆砌挡土墙施工工艺流程、设计文件—现场查看坡面情况、施工场地条件—制定施工比选方案	1. 在实训基地内完成 50m 现有边坡浆砌挡土墙施工 2. 编写浆砌挡土墙施工报告，分析施工过程中出现的问题与解决措施，总结施工经验
决策	确定施工方案—落实工作分工与人员责任	
计划	编制施工进度计划，制定质量、安全措施	
实施	准备工作（测量放线、石料运送到位、基底承载力检验、砂浆拌制），按工艺流程组织施工，解决常见问题，安全与环境保护	
检查	挡土墙坡率、墙后填料、伸缩沉降缝和泄水孔设置、砂浆饱和度、外观美观	
评价	编写浆砌挡土墙施工情况报告，评价施工中出现的技术问题，提出解决措施建议，总结施工经验	
工作任务载体：实训基地现有边坡浆砌挡土墙施工		

工作任务4.3　路基防滑防护

学习目标

1. 叙述路基防滑防护常用的防护类型；
2. 知道路基防滑防护类型的适用条件和施工工艺；
3. 分析路基防滑防护类型的优缺点，选择合适的防护类型；
4. 根据公路路基施工技术规范完成防滑防护施工技术作业；
5. 正确完成给定的具体路基工程，选择适当的防滑防护措施，编制施工工艺流程。

任务描述

通过完成本任务，要明确公路路基防滑防护常采用的措施及各种措施的适用条件。针对具体的路基实例，应能提出切实可行的防滑防护方案，编制出相应的施工工艺流程和施工注意事项。

学习引导

本工作任务沿着以下脉络进行学习：

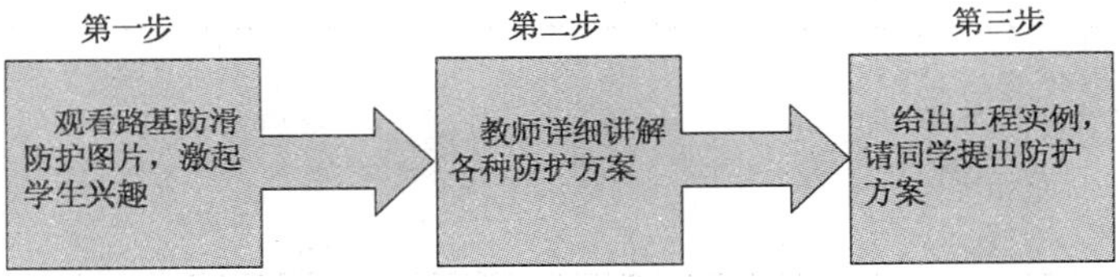

相关知识

公路滑坡的防护与加固主要应根据滑裂面情况，采取防滑加固措施。一般公路滑坡防护常用的方法有抗滑桩、挡土墙、预应力锚索、预应力土层锚杆等。

一、抗滑桩

抗滑桩是一种靠桩周土体对桩的嵌制作用来稳定土体，减少滑体推挤力并传递部分土推挤力的工程建筑物，见图4-28、图4-29。

抗滑桩适用于浅层及中层滑坡的前缘，当采用重力式支挡建筑时，工程量大，不经济的工点；或施工开挖滑坡前缘时，易引起滑坡体剧烈滑动的工点。

1. 抗滑桩的类型及平面布置

从桩的埋入情况分类有全埋式和半埋式（悬臂桩），从布置形式分类，有密排桩（桩顶以混凝土承台联结的为承台式桩）和互相分离的单排及多排桩。

桩的横向间距是根据滑体的密实程度、含水情况及滑坡推力和桩截面作经济比较来确定。一般桩间距最大15m,常用的8~10m。

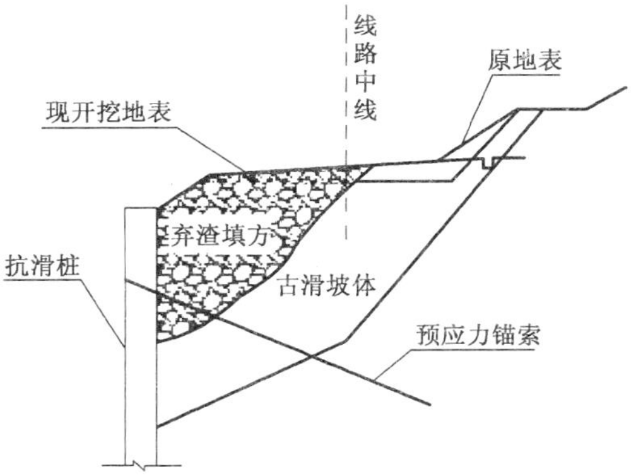

图4-28　抗滑桩设计剖面图

图4-29　成型的抗滑桩

2. 抗滑桩的断面

桩的断面应根据作用桩背上下滑力的大小、施工要求、土石性质和水文等条件来选定。一般以1.5×2.0m及2.0×3.0m两种截面使用较多。

3. 抗滑桩施工工艺流程

抗滑桩施工工艺流程见图4-30。

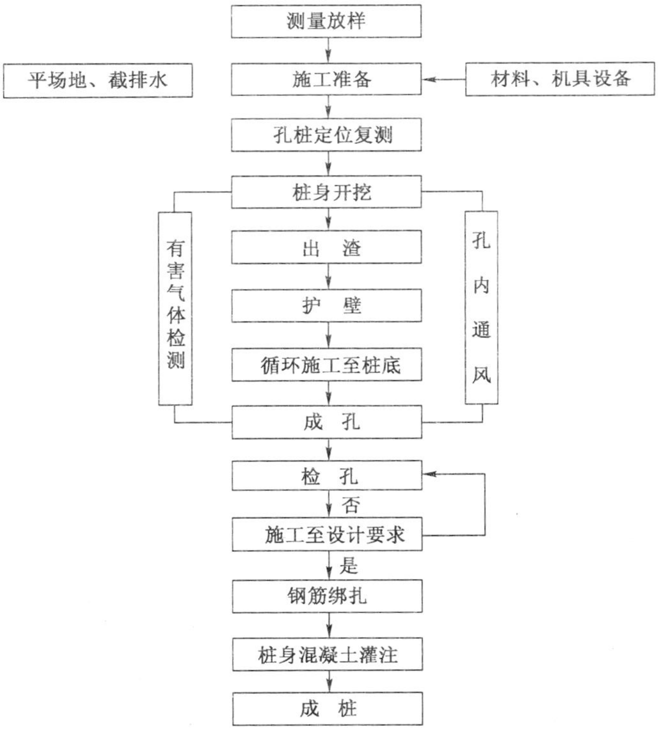

图4-30　抗滑桩施工工艺流程图

4. 抗滑桩施工

1)施工中稳定滑坡的措施

①清顺滑坡坡面,铲除陡坡、陡坎壁,填塞裂缝。如有可能,可根据设计需要,先在滑体范

围内外，分别浆砌圈形截水沟减少地表水下渗。

②在抗滑桩施工范围，应大致整平地面，靠山一侧刷出宽度不小于 2m 的平台，另一侧如系弃渣或松散滑体，即应填平夯实，避免对桩产生侧压。

③桩孔开挖，应视下滑力的大小，滑体的土石结构破坏程度及地下水等不同情况，采用全面同时开挖或跳跃式间隔开挖。

④根据地质条件，护壁可采用混凝土、钢筋混凝土、木质和喷护等方法，如地质条件许可，且开挖不深，能确保施工安全，可不支护，一直挖至设计标高，符合桩基已置于较好的基岩上，井孔垂直且不小于设计尺寸和已达最低一层滑动面下 5m 以上时，立即绑扎钢筋（或下预制钢筋笼），灌注桩身混凝土，不容拖延时间。

⑤桩孔孔口 10m 内不存放大堆材料，弃渣亦应在 30m 以外，产生震动大的机械应设在 50m 以外。

2）桩孔开挖的准备工作

①现场核对设计，按设计测定桩位，进行施工放样。放样时，要根据工地具体情况和施工可能发生的误差，每边较设计尺寸略大一些（一般为 5cm）。然后整平孔口场地。

②在井口上竖立井架式三角架或摇头扒杆出渣、进料，起吊高度应高出井口 3m 以上，搭设临时风雨棚，做好井口排水沟。为了施工人身安全，井口设栏杆（薄壳支护高出地面者可不设）及供起吊人员装卸料用的脚踏板和井口开关门。

③备置起吊用箩筐或特制的活底箱、桶及 0.5t 的卷扬机。当桩间距离较短（5 ~ 7m）时，要考虑开挖与护壁混凝土灌注的工序间隙时间。

④配置井内开挖用的短镐、铲、锹和钻岩机、风镐与空压机及管道，供人员上下用的梯子。

⑤配备井内用的高压送电路及低压照明、发电机和变配电设备、爆破器材、通风设备及管路和安装材料。

⑥当井内有地下水时，还应配备潜水泵或其他类型的高扬程抽水机。

3）抗滑桩孔开挖

①劳动力组织：根据开挖、提升、出渣及断面形式等条件，一般每孔 10 人，其中分配如下：井内开挖作业 4 人，卷扬机及抽水机驾驶员 1 人，制作、安装支撑 2 人，井口接卸、拴套重物 1 人，接运出渣 2 人，见图 4-31。另组织混凝土工班 1 个，人数视具体情况而定（无混凝土工作时转作备料），钢筋加工亦应有专业小组负责。

a)

b)

图 4-31　抗滑桩开挖

a）孔口提土；b）孔底挖土、装土

②井下放炮：在开挖中常会遇到孤石或基岩，须进行放炮，在滑动面以下土质坚硬的地方，为加快施工进度，也需爆破松土。爆破时要注意眼孔布置和装药量。

③井壁塌方处理：在施工过程中，因土层软弱，松散、地下水作用，或因放炮作用引起塌方面积较小时，必须严格控制井内及邻近孔的放炮，立即进行护壁支护，在塌空处填充块石，护壁适当加筋，浇灌混凝土未达到设计强度80%前不宜拆除模板顶撑；当塌方严重，土地过于松软和地下水作用继续塌坍时，必须加强观察，清除危石及悬土，在塌方处搭制托梁暗柱，并用木楔、长钉加固钉牢，里面用块石或废木填充，以阻止土石继续坍塌。并立即支护，适当加密塌方处钢筋，浇灌混凝土来达到设计强度80%前不宜拆除模板顶撑。

④井孔的开挖支护有混凝土薄壳护壁和木支护两种：

A. 混凝土薄壳护壁。混凝土薄壳护壁的每节开挖深度为0.6～2m，护壁厚度可参考表4-9。

护 壁 厚 度　　　　表4-9

顺序	土 质 类 别	每节挖深(m)	护壁厚(m)	说　明
1	扰动松散土或弃渣	0.6～1.0	0.25～0.30	1. 含水地层灵活掌握
2	中密土夹石	1.0～1.5	0.20～0.25	2. 井口一节宜高出地面0.3～0.5m
3	密实黏土、砂黏土夹卵石、碎石	1.5～2.0	0.2	

B. 木支护。当桩孔位于堆积层中或土质松散地点时，则需使用木质支撑，随挖随支，井口密，下部稀，底部挖出岩石后视情况可少支或不支。

⑤安全注意事项应对照竖井施工办理，尤应注意下述各点：

A. 工具必须放在吊斗内。上班时先送工具后送人入井，下班时，先送人后吊工具出井。工作人员上下井时，必须空手扶稳钢筋梯。严禁借用起吊绳索或吊斗上下。

B. 井口必须设专人值班看守防护，不准任何料具小石块落入井内伤人。

C. 装料时，吊斗不能装得太满。起吊架子、安全栅，绳索、滑轮、辘轳、机具等，每班操作前要认真检查，发现问题及时处理。

D. 注意检查木支撑和已成护壁有无变形，如有问题，立即撤出工作人员，并报告有关部门。

4）灌注抗滑桩身混凝土

①核对断面尺寸及桩底地质资料，放出桩底十字线。当混凝土护壁作为桩身断面时，护壁必须清刷干净。

②钢筋绑扎、焊接定位（见图4-32）：绑扎钢筋有两种做法，一种是单根钢筋放到井下定位绑扎。但井下绑扎，电焊工作量大，对工人健康不利；另一种是根据起吊设备和抗滑桩深度情

图4-32　桩身钢筋绑扎

况，整体吊装，将钢筋预制成每节5～7m的钢筋笼，逐节放到井下搭接焊牢。为防止钢筋笼在搬运和下井过程中变形，每节钢筋笼可增设直径25～28mm加劲箍筋两道或增加钢轨、型钢等，钢筋笼就位后，其与护壁的间距应以混凝土块楔紧。

③灌注桩身混凝土：最好使用输送泵搅拌机置于井口，应随时观察井内情况以防止意外。当钢筋笼定位后，以串筒漏斗将混凝土传送至井中捣固。一般混凝土灌至一节钢筋笼外露部分40cm时，进行下节钢筋笼搭接电焊（要注意上下节钢筋笼长短钢筋对口面），经检查合格方可继续灌注混凝土。如此反复循环直到灌完桩身混凝土，见图4-33。

图4-33 桩身混凝土灌注

④抗滑桩的承台施工：当设计为承台式抗滑桩时，在灌完桩身混凝土后，根据承台底面标高及承台底面轮廓尺寸进行放样，开挖土石方。凿除高出承台底面的桩孔混凝土护壁，安装承台模板，绑扎钢筋，分层灌注承台混凝土。

⑤所用钢筋加工、绑扎、焊接及混凝土的配合比选定与拌和、捣固、脱模、养生、用料要求等均应按有关规定执行。

5）施工注意事项

①在施工过程中，为确保施工人员的安全和建筑物部位的准确性，应建立观测系统，布置对滑坡体、建筑物位置的准确观测，防止发生突然事故。

②抗滑体若有支挡建筑物、永久排水和防渗设施等，应使这些建筑设施与抗滑桩体正确连接，配套完成。

二、挡土墙

挡土墙是公路路基中常见一种支挡结构形式，其应用十分广泛。当山区地面横坡过陡，常在下侧边坡设置挡土墙；或在靠山侧，由于刷坡过多，不仅土石方工程数量大，而且破坏了天然植被容易引起灾害，因此设置挡土墙以降低路堑高度；在平原地区多为良田，为了节约用地，往往也在路基一侧或两侧设置挡土墙；当高路堤、深路堑土石方数量大，取、弃土困难时，也可设置挡土墙以减少土石方数量；挡土墙还经常用来整治崩塌、滑坡等路基病害等。

根据在路基横断面上的位置，挡土墙可分为路肩墙、路堤墙及路堑墙。当墙顶置于路肩时，称为路肩式挡土墙；若挡土墙支撑路堤边坡，墙顶以上尚有一定的填土高度，则称为路堤式挡土墙，又称坡脚式挡土墙；如果挡土墙用于稳定路堑边坡，称为路堑式挡土墙；设置在山坡上用于防止山坡覆盖层下滑的挡土墙，称为山坡挡土墙，各类挡土墙的图式和使用场合见表4-10。

根据墙体材料的不同，挡土墙有石砌挡土墙、砖砌挡土墙、混凝土块砌挡土墙、混凝土挡土墙、钢筋混凝土挡土墙及木质挡土墙，见图4-34；根据挡土墙的结构形式，常见的挡土墙形式有：重力式、半重力式、衡重式、悬臂式、扶壁式、加筋土式、锚杆式、锚定板式和桩板式，此外还有柱板式、垛式、竖向预应力锚杆式及土钉式等类型。下面介绍常见的浆砌重力式挡土墙的施工。

挡土墙图式和使用场合　　表 4-10

序号	名称	示意图	使用场合
1	路肩 挡土墙	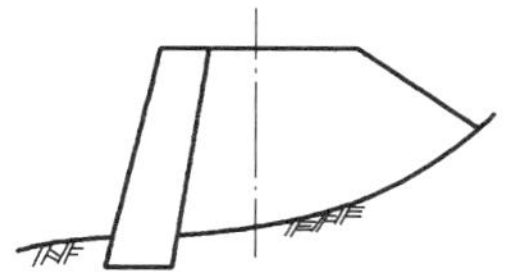	陡山坡上，为保证路堤稳定，收缩坡脚； 压缩路堤坡脚，减少占用土地或避免与其他建筑物干扰； 防止沿河路堤水流冲刷、淘刷
2	路堤 挡土墙	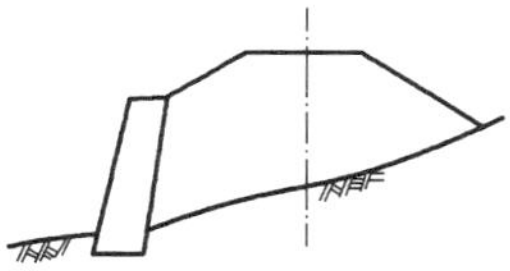	受地形限制或其他建筑物干扰，必须约束坡脚时； 防止陡坡路肩下滑
3	路堑 挡土墙	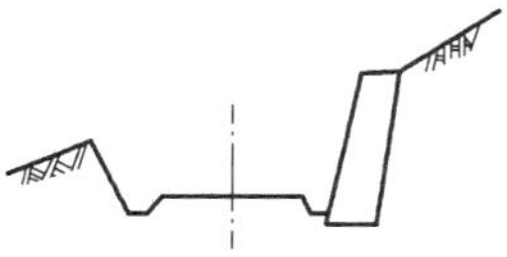	山坡陡峻，用以降低边坡高度，减少山坡开挖，避免破坏山体平衡； 地质条件不良，用以支挡可能坍塌的山坡土体
4	山坡 挡土墙	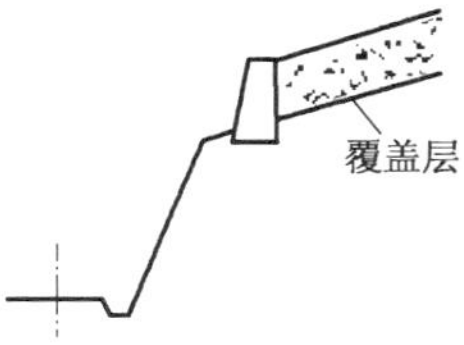	用以支挡山坡上有可能坍滑的覆盖层土体或破碎岩层； 根据山坡情况可分设数道，以满足实际需要
5	浸水 挡土墙	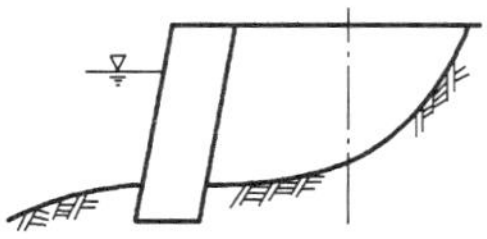	沿河路堤，须收缩坡脚，以免水流冲刷和淘刷
6	抗滑 挡土墙	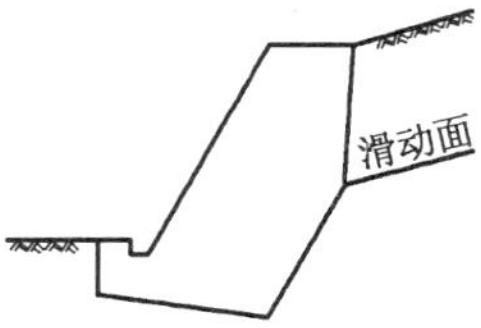	滑坡地段，用以稳定滑动土体

a)

b)

图 4-34　挡土墙

a）浆砌挡土墙；b）混凝土挡土墙

1. 重力式挡土墙的特点

重力式挡土墙依靠自重支撑土压力来维持其稳定。一般多用片(块)石砌筑,在缺乏石料的地区可用混凝土修建。重力式挡土墙结构简单,施工方便,取材容易,但由于墙背侧向土压力主要是依靠墙身的自重来保持平衡,故墙身断面尺寸较大,圬工量较大,对地基承载力要求也较高。

为适应不同地形、地质条件及经济要求,重力式挡土墙具有多种墙背形式。其中,墙背为直线形的是普通重力式挡土墙,见图 4-35a)、b),其断面形式最简单,土压力计算简便。带衡重台的挡土墙,称为衡重式挡土墙,见图 4-35d),衡重式挡土墙由上墙、下墙和衡重台三部分组成,其主要稳定条件仍凭借于墙身自重,但由于衡重台上填土的重力使全墙重心后移,增加了墙身的稳定,且因其墙前胸坡很陡,下墙背仰斜,所以可以减小墙的高度,减少开挖工作量,避免过分牵动山体的稳定,有时还可以利用台后净空拦截落石。衡重式挡土墙在山区公路中常采用,但由于其基底面积较小,对地基承载力要求较高,故应设置在坚实的地基上。不带衡重台的拆线形墙背挡土墙,则介乎上述两者之间,见图 4-35c)。

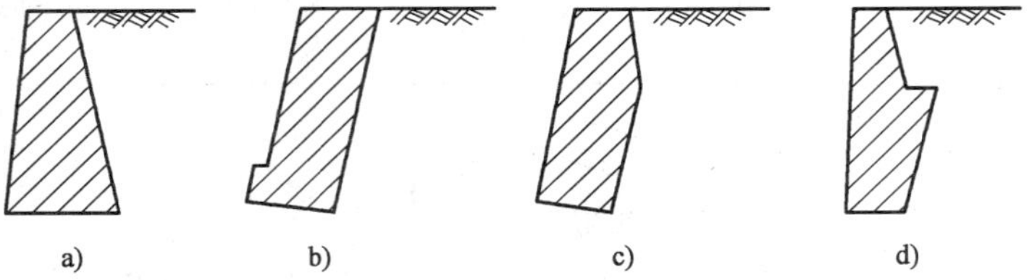

图 4-35　重力式挡土墙

a)、b)普通重力式挡土墙;c)拆线形墙背挡土墙;d)衡重式挡土墙

2. 重力式挡土墙的施工工艺流程

浆砌片(块)石重力式挡土墙施工工序主要有基坑开挖、基底处理与检测、砂浆配合比设计与拌制、基础砌筑、墙身砌筑、墙背填料填筑与压实等,其施工工艺流程见图 4-36。

3. 重力式挡土墙的施工

1)施工准备

①测量放样,恢复路基中线,精确测定挡土墙基座主轴线和起讫点两端的衔接是否顺适。一般在直线段 20m 设一桩,曲线段 10m 设一桩,并可根据地形需要适当加桩。测定的重要控制桩应有护桩,并至少由 2 ~3 组构成,以便相互核对,确保精度。护桩保留到工程结束,因此要设在施工干扰地区之外,埋置应稳固。

②按施工放样的实际需要增补横断面桩,测量中桩和挡土墙各点的地面标高,并设置施工水准点。

③熟悉设计文件,会同设计单位进行现场核对。根据核对的工程量、工地特点、工期要求及施工条件,结合自己的设备能力,作出实施性施工组织设计,包括施工方法、工程数量、开工及完工日

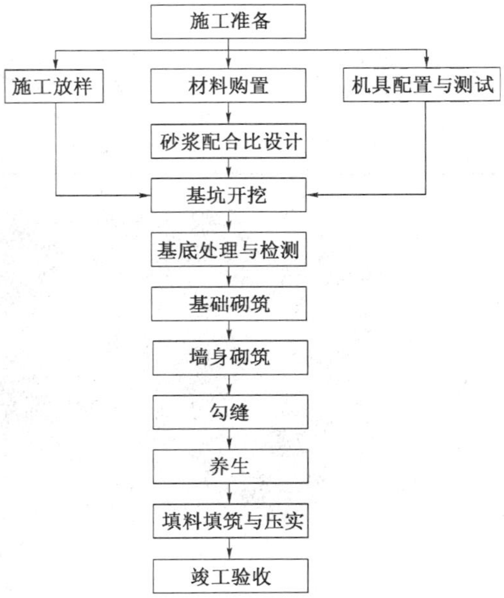

图 4-36　浆砌重力式挡土墙施工工艺流程

期、需要劳力、机械设备、材料数量以及其他临时工程和场地布置等，以便全面落实。

④在受地面积水和地下水影响的土质不良地段，应切实做好场地排水设施。

⑤外购及自采材料在采集前，先应通过试验鉴定，合格后方可进场。提前做好砂浆配合比及墙背填料的击实试验。

2）材料要求

（1）石料。石砌挡土墙石料可采用片石、块石和料石三种，并应满足以下要求：

①石料应经过挑选，结构密实、石质均匀，无裂缝，不易风化的硬质石料。在冰冻地区，还应具有耐冻件。

②石料的抗压强度不低于25MPa。在地震区及严寒地区，应不低于30MPa。

③片石应只有两个大致平行的面，其厚度不宜小于15cm（卵形薄片者不得使用），宽度及长度不小于厚度的1.5倍，质量约30kg。用作镶面的片石应表面平整，尺寸较大，并应稍加修整。

④块石一般形状大致方正，上下面也大致平整，厚度不小于20cm，宽度宜为厚度的1～1.5倍，长度约为厚度的1.5～3.0倍，如有锋棱锐角，应敲除。块石用做镶面石时，应由外露面四周向内加以修凿，后部中不修凿，但应略小于修凿部分。

⑤料石是由岩层或大块石料开裂并经粗略修凿而成，外形方正成六面体，厚度20～30cm，宽度为厚度的1～1.5倍，长度为厚度的2.5～4倍，表面凹陷深度不大于2cm。用作镶面的料石，丁石长度应比相邻顺石宽度至少大15cm。修凿面每10cm长须有錾路约4～5条，侧面修凿面应与外露面垂直，正面凹陷深度不超过1.5cm，外露面应有细凿边缘，宽度为3～5cm。

（2）砂浆。

①砂浆的组成。砂浆一般用水泥、砂和水拌和而成，也可用水泥、石灰、砂与水拌和，或石灰、砂与水拌和而成。它们分别简称为水泥砂浆、混合砂浆和石灰砂浆。

水泥一般采用硅酸盐水泥和普通水泥，也可采用矿渣、火山灰、粉煤灰水泥。由于砂浆的强度较低，所以水泥的强度不宜太高，否则水泥的用量太少，会导致砂浆的保水性不良。通常水泥的强度等级应为砂浆强度等级的4～5倍，水泥砂浆采用的水泥强度等级不宜大于42.5级，水泥混合砂浆采用的水泥强度等级不宜大于52.5级。

砂浆用砂一般采用洁净的中、粗砂，若中、粗砂缺乏时可在增加适量水泥后采用细砂。拌和砂浆砌筑片石砌体时，砂的粒径不应超过5mm；块石、料石砌体不应超过2.5mm；强度等级大于10号的砂浆，含泥量不应超过5%，小于10号的砂浆不应超过10%；砂浆用石灰应纯净，燃烧均匀，熟化透彻，一般采用石灰膏和熟石灰。淋制石灰膏时，要用网过滤，要有足够的熟化时间，一般为半个月以上，未熟化的颗粒大于0.6mm以上者，不得越过10%；熟石灰粉应用900目/cm^2以上的筛筛分过，其筛余量不得大于3%。

拌和用水应干净，不含酸、盐、有机质等杂质，一般饮用的水，均能满足砂浆的拌和要求，但工业废水、污水、沼泽水以及pH值小于5的酸性水和水的含硫酸盐量超过0.27mg/cm^3的，不能使用。

②砂浆的拌制。

强度：砂浆强度等级代表其抗压强度。拌制砂浆必须符合设计要求，一般不得低于M5。严寒地区、地震烈度8度、墙高大于12m和地震烈度9度以上的地震区，应较非地震区提高1级；勾缝用砂浆应比砌筑用提高1级。砌石砂浆强度主要取决于水泥强度和水灰比，可用下式表示：

$$f_{m,o} = A \cdot f_{ce}\left(\frac{C}{W} - B\right) \tag{4-3}$$

式中：$f_{m,o}$——砂浆28d的抗压强度(MPa)；

f_{ce}——水泥28d的抗压强度(MPa)；

$\frac{C}{W}$——灰水比；

A、B——经验系数，用普通水泥时可采用$A=0.29$、$B=0.4$。

稠度：主要包括和易性与流动性。一般情况下，将砂浆用手捏成小团，松手后不松散或以不由灰刀上流下为度。水泥砂浆的水灰比应控制在0.60～0.70。

配合比：用重量或体积比表示，可由试验确定，还可根据已有的经验和资料参考决定。

拌制方法：可用人工或机械拌和。人工拌和不如机械拌和均匀，人工拌和至少应拌3遍，拌至颜色均匀为止。砂浆应随拌随用，保持适宜的流动性，在运输中已离析的砂浆应重新拌和。

③砂浆塑化剂的应用。

砂浆塑化剂是掺入水泥砂浆中能使之增加工作度的材料，常用的有非水硬石灰砂浆塑化剂和加气型砂浆塑化剂两种。加气塑化剂是一种加入水泥砂浆后产生微气泡状空气的外加刑，微气泡在砂浆中出现后会与水泥颗粒一起填满较粗的砂粒间的孔隙，使砂浆获得较高的工作度。

3)工艺方法

浆砌原理是利用砂浆胶结砌体材料使之成为整体的人工构筑物，一般砌筑方法有：坐浆法、抹浆法、灌浆法和挤浆法四种。

坐浆法：又叫铺浆法，砌筑时先在下层砌体面上铺一层厚薄均匀的砂浆，压下砌石，借助石料自重将砂浆压紧，并在灰缝上加以必要的插捣和用力敲击，使砌石完全稳定在砂浆层上，直至灰缝表面出现水膜。

抹浆法：用抹灰板在砌石面上用力涂上一层砂浆，尽量使之贴紧。然后将砌石压上，辅助以人工插捣或用力敲击，使浆挤后灰缝平实。

挤浆法：综合坐浆法与抹浆法的砌筑方法。除基底为土质的第一层砌体外，每砌一块石料，均应先铺底浆，再放石块。经左右轻轻揉动几下后，再轻击石块，使砂浆被压实。在已砌筑好的石块侧面安砌时，应在相邻侧面先抹砂浆，后砌石，并向下及侧面用力挤压砂浆，使灰缝挤实，砌体被贴紧。

灌浆法：把砌石分层水平铺放，每层高度均匀，空隙间填塞碎石，在其中灌以流动性较大的砂浆，边灌边捣实，直至砂浆不能渗入砌体空隙为止。

4)基坑开挖

根据测量放线定出的位置，采用人工或机械开挖挡土墙基础基坑。公路建设条件，特别是地质条件，随着高速公路建设，起来越复杂，要求施工单位施工前不但要熟悉设计文件，而且要熟悉基础资料。基坑开挖过程中，要保证基坑边坡和施工人员的安全。基础开挖大多采用明挖，开挖时不宜全段贯通，而应采用跳槽方法开挖以防止上部失稳。当坑内有积水时，应随时将其排干。当采用倾斜基底时，基底标高应按设计控制，不得超挖填补。

在天然地基土层上挖基，如深度在5m以内，施工期又较短，基底处于地下水位以上，且土的湿度正常，构造均匀，其开挖坑壁坡度可参考表4-11选定。当基坑深度大于5m时，应加设平台，这不仅利于基坑边坡的稳定，而且便于基坑开挖。

基坑坑壁坡度 表 4-11

坑壁土类	坡度		
	顶缘无荷载	顶缘有静载	顶缘有动载
砂类土	1:1	1:1.25	1:1.5
碎卵石土	1:0.75	1:1	1:1.25
砂性土	1:0.67	1:0.75	1:1
黏性土、黏土	1:0.33	1:0.5	1:0.75
极软岩	1:0.25	1:0.33	1:0.67
软质岩	1:0	1:0.1	1:0.25
硬质岩	1:0	1:0	1:0

注:①如土的湿度过大,会引起坑壁坍塌时,坑壁坡度可采用该湿度下的天然坡度;
②通过不同土层时,边坡可分层选定,并酌情留平台;
③山坡上开挖基坑,如地质不良时,应注意防止滑坍;
④岩石的饱和单轴极限强度(MPa)<5、5~30、>30 时,分别定为极软岩、软质岩、硬质岩。

基坑开挖大小,需满足基础施工的要求。渗水土的基坑要根据基坑排水设施(包括排水沟、集水坑、网管)和基础模板等大小而定,一般基坑底面宽度应比设计尺寸各边增宽 0.5~1.0m,以免施工干扰。基坑开挖坡底按地质、深度、水位等情况而定。

当排水挖基有困难,或具有水中挖基的设备时,可采用下列水中挖基方法:

①挖掘机水中挖基适用于各种土质,但开挖时不要破坏基坑边坡的稳定,可采用反铲挖掘和吊机配合抓泥斗挖掘。

②水力吸泥机适用于少类土及砾卵石土,不受水深限制,其出土效率随水压、水量的增加而提高。

③空气吸泥机适用于水深 5.0m 以上的砂类土或有少量碎、卵石的基坑,在黏土层使用时,应与射水配合进行,以免破坏土层结构。吸泥时应同时向基坑内注水,使基坑内水位高于河水位约 1.0m,防止流沙或涌泥。

5)基底处理与检验

任何土质基坑挖至标高后不得长时间暴露、扰动或浸泡而削弱其承载能力。一般土质基坑挖至接近标高时,保留 10~20cm 的厚度,在基础施工前以人工突击挖除。因此,基坑开挖完成后,应及时对基底进行承载力检验(图 4-37),检验合格后,应及时进行下道工序施工。当基底土质为碎石土、砂砾土、砂性土、黏性土等时,将其整平夯实。当遇有基底软弱或土质不良地段时,可按以下方法进行处理:

图 4-37 基底检验

①当地基软弱，地形平坦，墙身又超过一定高度时，为减少地基压应力，增加抗倾覆稳定性，可在墙趾处伸出一台阶，以拓宽基础。如地基压应力超过地基承载力过多时，为避免台阶过多，可采用钢筋混凝土底板。

②如地层为淤泥质土、杂填土等，可采用砂砾、碎石、矿渣灰土等材料予以换填或用砂桩、石灰桩、碎石桩、挤淤法、土工织物及粉喷桩等方法分别予以处理。

③若发现岩层有孔隙裂缝，应以水泥砂浆或小石子混凝土浇注饱满；若基底岩层有外露软弱夹层，宜在墙趾前对此层作封面保护。墙趾地面纵坡较大时，为减少圬工，挡土墙的基底可做成不大于5%的纵坡。如为岩层时，可在纵向做成台阶，台阶尺寸随地形变动而定，一般宽度不小于50cm，高度比不宜大于1:2。

6）基础砌筑

基坑完成后，按基底纵轴线结合横断面放线复验，确认位置、高程正确无误后，方可进行基础砌筑，砌筑方法同墙身。基础砌筑应注意以下问题：

①砌筑前，应将基底表面风化、松散土石清除干净。

②砌筑基础的第一层砌块时，如基底为岩层或混凝土基础，应先将基底表面清洗、湿润，再坐浆砌筑，这样可使第一层砌块与基底黏结牢固，保证砌体与基底间的抗弯能力和抗剪能力；如基底为土质，可直接坐浆砌筑。

③对于土质基坑或风化软岩基坑，在雨季施工时，应于基坑挖至设计高程，立即满铺砌筑一层。

④硬质岩石基坑，基础宜紧靠坑壁砌筑，并插浆塞满间隙，使之与岩层形成整体。

⑤采用台阶式基础时，台阶转折处不得砌成竖向通缝，砌体与台阶壁间的缝隙应插浆塞满。

⑥砌筑基础时，应保证砌体砂浆不受水冲刷。

⑦在岩层破碎、土质松软或有水的地段，宜择旱季分段集中施工。

⑧基础完成后，应立即回填，以小型压实机械分层夯实，并在表面留3%的向外斜坡，防止积水渗入基底。

7）墙身砌筑

砌筑前应将砌块表面泥垢清扫干净并用水保持湿润，基础顶面也应洒水湿润。砌筑时必须两面立杆挂线或样板挂线，外面线应顺直整齐，逐层收坡，内面线应大致适顺，以保证砌体各部尺寸符合设计要求，所以在砌筑过程中应经常校正线杆。砌块底面应卧浆铺砌，立缝填浆补实，不得有空隙和立缝贯通现象。砌筑工作中断时，可将砌好的砌块层孔隙用砂浆填灌。再砌时，表面要仔细清扫干净，洒水湿润。工作段的分段位置宜在伸缩缝和沉降缝处，各段水平缝应一致。分段砌筑时，相邻段的高差不宜超过1.2m。砌筑砌体外皮时，浆缝需留出1～2cm的缝槽，以便砂浆勾缝。隐蔽面的砌缝可随砌随刮平，不另行勾缝见图4-38。

图4-38　浆砌砌体

砌筑时砌块及砂浆的供应方法：当工程零散，作业点距地面不高时，可用简单的马凳跳板直接运送；距地面较高时，可根据工地条件采用开架式吊机，固定式动臂吊机或桅杆式动臂吊机，各种木质扒杆或绳索吊机等小型起重设备及铁链、吊筐、夹石钳等捆装设备运送；当工程量较大时，可采用卷扬机带动轻轨斗车上料或摇头摆杆式垂直提升。

下面分浆砌片石、浆砌块石、浆砌料石三种情形分别加以阐述。

(1)浆砌片石。浆砌片石的一般砌石顺序为先砌角石、再砌面石,最后砌腹石。角石应选择比较方正且大小适宜的石块,否则应稍加清凿。角石砌好后即可将线移挂到角石上,再砌筑面石(即定位行列)。面石应留一个运送填腹石料的缺口,砌完腹石后再封砌缺口。腹石宜采取往运送石料方向倒退砌筑的方法,先远处,后近处。腹石应与面石一样按规定层次和灰缝砌筑整齐、砂浆饱满。上、下层石块应交错排列,避免竖缝重合,砌缝宽度一般不应大于4cm。

砌体外侧定位行列与转角石应选择表面较平且尺寸较大的石块,浆砌时,应长短相间并与里层石块咬紧,分层砌筑应将大块石料用于下层,每处石块形状及尺寸均应搭配合适。竖缝较宽者可塞以小石子,但不能在石块下用高于砂浆层的小石块支垫。排列时,石块应交错、坐实挤紧,尖锐凸出部分应敲除。

浆砌片石一般采用挤浆法和灌浆法砌筑。

挤浆法:挤浆法应分层砌筑,分层的高度宜在50~100cm(约2~3层)。分层与分层间的砌缝应大致找平,即每隔2~3层找平一次。分层内的每层石,不必铺通层找平砂浆,而可按石块高低不平形状,逐块或逐段铺浆。砌筑时,每一块石料均应先铺砂浆再安放石块,然后经左右揉动几下,再用锤轻击,将下面砂浆挤压密实。在已砌好片石侧面继续安放砌筑时,除坐浆外,应在相邻石块侧面铺抹砂浆,再砌石块,并向下面及抹浆的侧面用手挤压,用锤轻击,将下面和侧面的砂浆挤实,挤出的砂浆可刮起再用。分层内各层间石块的砌缝应尽可能错开,但不强求。分层与分层间的砌缝则必须错开不得贯通。

灌浆法:此法与挤浆法不同之处,在于每层石块应选高度大致相同的石块,每一层应用砂浆砌平整理,而不是砌2~3层石块再找平。具体砌法是:先铺一层坐浆,将石块安放在砂浆上,用手摊紧。每层高度视石料尺寸确定,一般不应超过40cm,并随时选择厚度适宜的石块,用作砌平整理,空隙处先填满较稠的砂浆,用灰刀或捣棒插实,再用适当的小石块填塞紧密。然后再铺上层坐浆,以同样方法继续砌上层石块。

浆砌片石时,除按上述方法砌筑外,还应注意以下几点:

①应利用片石的自然形状,使其相互交错的衔接在一起。因此,除最下一层石块应大面朝下外,上面的石块不一定必须大面朝下,做到犬牙交错、搭接紧密即可。同时在砌下层石块时,即应考虑上层石块如何接砌。

②石块应大小搭配、相互错叠、咬接紧密,并备有各种尺寸的小石块,作挤浆填缝用。

③片石与片石之间均应有砂浆隔开,不得直接接触。

④片石砌筑时,应设置拉结石,并应均匀分布,相互错开,一般每0.7m^2至少设一块。

⑤石料的供应和砌石的配合也很重要,在砌角石、面石时应采用比较方正的石块;砌腹石时,可采用不规则形状而尺寸适宜的石块。

⑥使用片石应有计划。角石、面石应首先选出备用。砌体下层应选用较大石块,向上逐渐用较小尺寸石块。

⑦一天中完成的砌体高度不宜超过1m。冬季寒冷时,砂浆强度增长很慢,当天的砌高还应减小。

(2)浆砌块石。浆砌块石亦用铺浆法和挤浆法。先铺底层砂浆并打湿石块,安砌底层。分层平砌大面向下,先砌角石,再砌面石,后砌腹石,上下竖缝错开,铺缝距离不应小于8cm,铺面石的垂直缝应用砂浆填实饱满,不能用稀浆灌注。填腹石亦应采用挤浆法,先铺浆,再将石块放入挤紧，垂直缝中应挤入1/3～1/2的砂浆，不满部分再分层插入砂浆。厚大砌体，若不易按石料厚度砌成水平时，可设法搭配成较平的水平层，块石铺面。为使面石与腹石连接紧密可采用丁顺相间，一丁一顺排列，有时也可采用两丁一顺排列。

浆砌块石时应注意以下几点：

①块石应平砌，应根插填高进行层次配料，每层石料高度大致齐平。

②用作铺面的块石，表面四周应加以修整，使尾部略小，以利于安砌，铺面石应丁顺排列。

③镶面石灰缝宽为2～3cm，不得有干缝和瞎缝。上、下层竖缝应铺开不小于8cm。

④填腹块石水平灰缝的宽度不应大于3cm，垂直灰缝的宽度不应大于4cm，灰缝也应错开，灰缝中可以填塞小石块，以节省砂浆。

(3)浆砌料石。浆砌料石的砌筑过程中应注意以下几点：

①每层镶面料石均应按规定的灰缝宽度及错缝要求配好石料，再用铺浆法顺序砌筑，边砌边填立缝，并应先砌角石。

②按砌体高度确定砌石层数，砌筑料石时依石块厚薄次序，将厚的砌在下层，薄的砌在上层。

③当一层镶面石砌筑完毕后，方可砌填腹石，其高度与镶面石齐平。

④每层料石均应采用一丁一顺砌置，砌缝宽度均匀，缝宽不应大于2cm。相邻两层的竖缝应错开不小于10cm，在丁石的上层和下层不得有竖缝。水平缝为通缝。

⑤竖缝应垂直，砌筑时须随时用水平尺及铅垂线校核。

⑥勾缝，有平缝、凹缝和凸缝等。勾缝具有防止有害气体和风、雨、雪等侵蚀砌体内部，延长构筑物使用的限及装饰外形美观等作用。在设计无特殊要求时，勾缝宜采用凸缝或平缝，勾缝宜用1:1.5～1:2的水泥砂浆，并应嵌入砌缝内约2cm。勾缝前，应先清理缝槽，用水冲洗湿润，勾缝应横平竖直，深浅一致，不应有瞎缝、丢缝、裂纹和黏结不牢等现象，片石砌体的勾缝应保持砌后的自然缝。

8)墙顶处理

路肩式浆砌挡土墙墙顶宜用粗料石或现浇混凝土(C15)做成顶帽，其厚度通常为40cm，顶部帽檐悬出的宽度为10cm；不做墙帽的路肩墙或路堤墙和路堑墙，墙顶面宜以大块石砌筑，采用M5.0以上砂浆勾缝和抹平顶面，厚2cm。

9)沉降缝、伸缩缝砌筑

沉降缝、伸缩缝的宽度一般为2～3cm。为保证接缝的作用，两种接缝均须垂直，并且缝两侧砌体表面需要平整，不能搭接，必要时缝两侧的石料须加修凿。

砌筑接缝砌体时，最好根据设计规定的接缝位置设置，采用跳段砌筑的方法，使相邻两段砌块高度错开，并在接缝处作为一个外露面，挂线砌筑，使其达到又直又平。

接缝中尚需填塞防水材料，防止砌体漏水。当用胶泥作填缝料时，应沿墙壁内、外、顶三边填塞并捣实；当填缝材料为沥青麻筋或沥青木板时，可贴置在接缝处已砌墙段的端面，也可在砌筑后再填塞，但均需沿填壁内、外、顶三边填满、挤紧。不论填哪种材料，填塞深度均不得小于15cm，以满足防水要求。

10)砌体养生

对浆砌砌体应加强养生，以便砌体砂浆强度的形成和提高。养生时，应注意以下几点：

①不可以砌体上抛掷或凿打石块。已砌好但砂浆尚未凝结的砌体，不可使其承受荷载。

②如所砌石块在砂浆凝结后有松动现象，应予拆除，刮净砂浆，清洗干净后，重新安砌。拆除和重砌时，不得撞动邻近石块。

③新砌圬工干一段落或收工时，须用浸湿的草帘、麻袋等覆盖物将砌体盖好。一般气温条件下，在砌完后 10 ~ 12h 以内，炎热天气在砌完后 2 ~ 3h 以内即须洒水养生。养生时间一般不少于 7 ~ 14h。

④养生时须使覆盖物经常保持湿润，在一般条件下（气温在 15℃及以上），最初的 3d 内，昼间至少每隔 3h 浇水一次，夜间至少浇水一次；以后每昼夜至少浇水 3 次。

⑤新砌圬工的砂浆，在硬化期间不应使其受雨水冲刷或水流淹浸。

⑥在养生期间，除抗冻砂浆外，一般砂浆在强度尚未达到设计强度的 70% 以前，不可使其受力。

水泥砂浆及混合砂浆的强度与硬化温度和时间有关，具体关系见表 4-12。

砂浆强度增长与龄期关系 表 4-12

龄期(d)	不同温度(℃)下砂浆强度百分率(%)									
	1	5	10	15	20	25	30	35	40	50
1	1	4	6	9	13	18	23	27	32	42
1.5	2	6	9	14	19	24	31	37	45	61
2	3	8	12	18	24	30	38	45	54	75
3	5	11	18	24	33	42	49	58	66	85
5	9	19	28	37	45	54	61	70	77	94
7	15	26	37	47	56	64	72	79	87	99
10	23	34	48	58	68	75	82	89	94	—
14	31	45	59	71	79	86	92	96	100	—
21	42	58	74	85	92	96	100	103	—	—
28	52	68	83	94	100	104	—	—	—	—

注：以上 20℃时养生 28d 的强度为 100%。

11）墙背填料

需待砌体砂浆强度达 70% 以上时，方可回填墙背填料，并应优先选择渗水性好、抗剪强度高且稳定、易排水的砂砾土填筑。严禁使用腐殖质土、盐渍土、淤泥、白垩土和硅藻土作为填料，填料中不得含有机物、冰块、草皮、树根等杂物和生活垃圾。如确有困难需采用不透水土壤时，必须做好砂砾反滤层，并与砌体同步进行。浸水挡土墙背应全部用水稳性和透水性较好的材料填筑。

墙背回填要均匀摊铺平整，并设不小于 3% 的横坡逐层填筑，逐层夯实，不允许向着墙背斜坡填筑，严禁使用膨胀性土和高塑性土。每层压实厚度不宜超过 20cm，碾压机具和填料性质应进行压实试验，确定填料分层厚度及碾压遍数，以便正确地指导施工。路肩挡土墙顶面高程应略低于路肩边缘高程 2 ~ 3cm，挡土墙顶面做成与路肩一致的横坡度，以排除路面水。

压实时应注意勿使墙身受较大的冲击影响，在临近墙背 1.0m 范围内，应采用小型压实机具碾压。小型压实机械有蛙式打夯机、内燃打夯机、手扶式振动压路机、振动平板夯等。

4. 施工注意事项

施工应与设计要求相配合，并严格按施工规范的规定执行。同时还应注意如下事项：

(1)施工前,应做好截、排水及防渗设施。

(2)在岩体破碎、土质松软或地下水丰富地段修建挡土墙,宜避开雨季施工。

(3)当基础完成后,立即回填,以小型机械进行分层压实,并在表层稍留向外斜坡,以免积水渗入浸泡基础。

(4)墙趾部分基坑,在基础施工完成后应及时回填夯实,并做成外倾斜坡,以免积水下渗,影响墙身的稳定。

(5)挡土墙的外墙应用规格块、料石砌筑,并采用丁顺相间的方法,同时还应保证砂浆饱满,防止出现"墙体里外两层皮"的现象。

(6)注意泄水孔和排水层(即反滤层)的施工操作,保证排水通畅。

(7)浆砌挡土墙需待砂浆强度达70%以上时,方可回填墙背填料。且墙背填料应符合设计要求,避免采用膨胀土和高塑性土,并做到逐层填筑,逐层夯实。不允许向着着墙背斜坡填筑,夯实时应注意勿使墙身受较大冲击影响。墙后地面横坡陡于1:3时,应作基底处理(如挖台阶),然后再回填。

(8)浆砌挡土墙的墙顶,可用M5砂浆抹平,厚2cm,下砌挡土墙墙顶厚不得大于50cm,用M2.5砂浆砌筑,有利于构造物稳定。

三、预应力锚索

预应力锚索常用于加固处理单斜构造岩石边坡,对保证此类边坡的稳定有较好的效果,见图4-39。

图4-39　预应力锚索防护边坡

预应力锚索施工要点如下。

1. 锚索体加工和组装规定

(1)锚索表面无损伤,除锈去污,并严格按设计尺寸下料。

(2)编排钢丝或钢绞线,应安设排气管;每股钢丝或钢绞线沿锚索轴线方向应平直、头齐,每隔1.0~1.5m设置隔离架或内芯管,必要时可设置对中支架;锚索体应捆扎牢固,捆扎材料不宜用镀锌材料,图4-40为安装好的锚索体。

图4-40　安装好的锚索

(3)锚索体与内锚头及外锚具(图4-41)的连接必须牢固,其强度应大于锚索的张拉力。

2. 孔口支承墩规定

(1) 支承墩尺寸和强度，应根据所施加的预应力大小、岩体强度和施工场地等条件决定。

(2) 支承墩的承力面应平整，并与锚索的受力方向垂直。

3. 预应力锚索的安装规定

(1) 机械式内锚头安装时，宜采用活扣绑扎，待内锚头送至锚固部位后，再松绑固定；安装过程中应防止捆扎材料损伤和磨断，以防外夹片脱落。

(2) 胶结式内锚头的胶结材料，可采用灰砂比为1∶1，水灰比为0.45～0.50的水泥砂浆；胶结材料未达设计强度时，不得张拉锚索。

(3) 安装锚索时，必须保护好排气管，防止扭压、折曲或拉断。

4. 锚索张拉和锁定的规定

(1) 锚索张拉前应对张拉设备进行标定。

(2) 锚索张拉应按规定的程序进行。在编制张拉程序时，应考虑邻近锚索张拉时的相互影响。

(3) 锚索正式张拉前，应预张拉1～2次，预张拉力取设计张拉荷载的20%～30%，锚索是否超张拉应按锚索的材料性质决定。非低松弛钢绞线及钢丝应张拉到设计荷载的105%～110%，持荷2min后再进行锁定。

(4) 锚索锁定后48h内，若发现有明显应力松弛时，应进行补偿张拉，锁定后的锚索见图4-42。

图4-41　锚具

图4-42　锁定后的锚索

5. 封孔注浆注意事项

(1) 注浆前应检查排气管是否畅通，发现堵塞应采取措施。

(2) 注浆材料及配合比应符合上述第3条的规定。

6. 预应力锚索的施工安全规定

(1) 张拉锚索时，孔口前方严禁站人。

(2) 施工面在上层作业时，下方严禁有人作业或停留。

(3) 封口水泥砂浆未达到设计强度的70%时，不得在锚索端部悬挂重物或碰撞锚具。

四、预应力土层锚杆

预应力土层锚杆(图4-43)是将预应力通过锚杆传递到土层的体系。锚杆的一端与结构物相连，另一端锚固在土层内，通过对锚杆施加预应力，以承受土压力并保证土体的稳定。

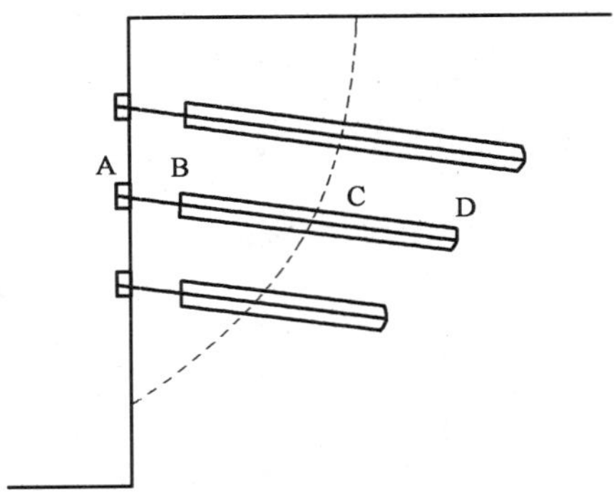

图 4-43　土层锚杆示意图

1. 特点及适用范围

(1)受力合理,能充分利用土体的抗剪强度以平衡结构物的拉力,因而较经济。

(2)主动抗衡土压力,能有效地限制土体的滑动。

(3)改善土体的受力状态,使锚固范围内土体处于压应力状态,增强了土体的稳定性,并能提高滑移面上的抗剪强度。

(4)锚固力的作用点和作用方向可以根据需要选取,从而获得最佳的稳定效果。

(5)施工过程中当地层条件变化时,可及时调整设计参数。

(6)施工方便,无需使用大型机械。

预应力土层锚杆适用于公路边坡及深基坑的支护。

预应力土层锚杆按锚固体结构形式分有圆柱形、端部扩大头型和连续球体型三种。圆柱形锚杆施工工艺简单,造价低,适于承载力较低的非黏质土、硬黏质土等;端部扩大头型锚杆可采用爆破扩孔或机械扩孔,适用于承载力较高,施工工艺较复杂的黏质土层;连续球体型描杆是圆柱形锚杆在一次常压灌浆形成锚固体的基础上,利用设于锚固段上端的密封袋和隔一定距离开有环向小孔,并附有橡胶环的注浆套管,对其由下向上连续进行高压劈裂灌浆,使浆液冲开锚固体,向周围土体扩散、渗透、挤压,形成多个连续扩头体,增大了锚固体的体积,提高了锚杆的承载能力,改善了锚固体周围土体的力学性能,特别适用于饱和黏质土层。

2. 预应力土层锚杆施工

1)施工材料及要求

预应力锚杆的预应力筋常用的材料为钢绞线、精轧螺纹钢筋及普通螺纹钢筋。常用的钢绞线强度不应低于有关技术规范规定的标准值,如常用公称直径($d=15.0$mm)钢绞线强度按标准抽样检验的强度,不得低于1 470MPa。常用的精轧螺纹钢筋公称直径为 $d=25$mm 及 $d=32$mm,抽检的强度标准值 $d=25$mm 的不得低于900MPa,$d=32$mm 的不得低于750MPa。

锚杆灌浆浆液水灰比为0.45～0.5,在加入砂时,应为粒径小于2.0mm的洁净砂子。拌和水的要求为饮用水。当掺入外加剂时应通试验确定掺加量。

2)施工工艺

预应力土层锚杆施工工艺流程见图4-44。

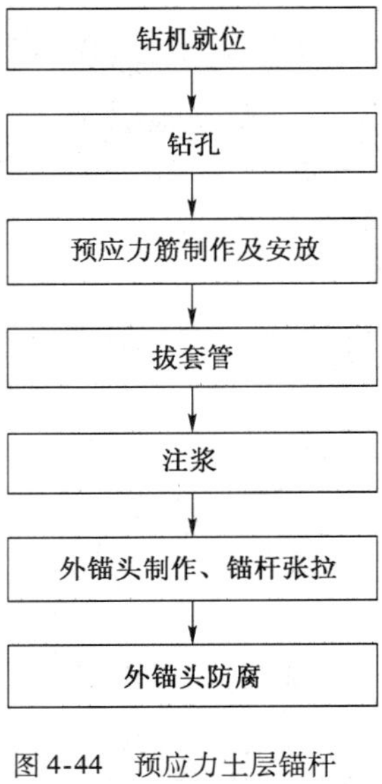

图 4-44　预应力土层锚杆施工工艺流程图

①钻机就位。一般采用修筑坡道靠钻机自身行走就位,若无法修坡道时,亦可用吊机吊运。

②钻孔(图4-45)。钻机开始钻孔的应按设计位置先放出锚杆孔的位置并做出标记。

在硬黏土或不易坍孔的地层中钻孔可采用干式螺旋钻成孔法;在易坍孔的地层中钻孔,则可采用水冲式带护壁套管的成孔法施工。开钻前现场要备好钻杆和套管，同时应有充足的水源，供水要求有0.6MPa的压力，可由水箱及水泵来保证供应。

施钻时掌握中速运转，根据土质的软硬而调整钻孔机的快慢。钻孔过程中需经常使套管做往复的进退动作，每接一次套管前至少做一次进退动作，以提高孔壁光滑度和减少孔壁与套管间的摩擦阻力。

当钻孔至底部时，稍微延长套管的转动时间，使孔底冲水充分，将悬浮土冲得比较干净，有利于放置锚杆和保证锚杆根部形成比较理想的水泥浆凝固体，从而提高锚杆的承载力。

图4-45　钻机钻孔

钻孔的主要工作量在于接装钻杆和套管。钻杆和套管一般为1.5m的标准节，节间以丝扣连接。因此，操作时保护丝扣和及时涂抹掺石墨的润滑油是一项关键性的工作。

在土层锚杆施工现场常有大量含泥沙和水泥浆的泥浆水，对这部分泥浆水要及时予以处理。一般做法是使其经排水沟流至集水井，清水用水泵从上面抽走，下面的泥沙及时挖出，用专用的罐车运送到大容积的沉淀池，定期抽出池内上层浮水，再按计划处理下面的稀泥。

③预应力筋制作及安放。要在现场设置锚杆组装场地，需搭设组装工作案板和遮阳防雨棚。案板上有供钢索滑行的槽钢，钢索要装在特制的开卷笼内。锚杆组装程序为：接长注浆塑料管→安装钢索支架→绑扎钢索→焊钢索类帽→穿套自由段钢索套管→捆绑封口布袋。

锚杆柔软而细长，质量4～6kg/m，适宜人力抬运，抬运时3m左右一人。抬运锚杆的道路要求平整，现场坡度要小于1:2。如修土坡有困难，为防止抬运锚杆时弄断注浆塑料管，则应搭设适当坡度的脚手架。

当锚杆抬运到位时，施工人员应检查一遍注浆塑料管是否完好，发现损坏应及时修理。把锚杆尖端对准套管口，再将锚杆徐徐放入套管内，孔口处要有人再次检查注浆塑料管是否有破损，发现问题应及时处理。

露出孔外的锚杆钢索要有足够的长度，根据现有张拉设备和锚固构造要求，一般不少于2m。遇有钻孔超过设计深度时，要采取措施将钢索拴住，直至第一次注浆的浆体达到一定强度再松开，以防止锚杆顺坡下滑。

④拔套管。将锚杆杆体放好后，即开始拔套管。

⑤浆液的配合比、搅拌及压力注浆。水泥灰浆的配合比应经过试配并报批，一般使用的水灰比为0.45～0.5，水泥的灰浆强度应符合设计规定。配制的灰浆一要保证强度要求；二要保证灌注压浆的顺利操作。

搅拌灰浆要用机械搅拌，并随拌随用，以保证压浆时不堵塞。

连续球体型锚杆的注浆一般分为两次。第一次为填充注浆，主要目的是以水泥浆充满钻孔和封口布袋。注浆压力一般为0.3～1.0MPa，当注浆至封口布袋处，则需将注浆枪置于布袋中，至浆液充满布袋为止。第二次注浆为劈裂注浆，在第一次注浆后，以具有足够压力的水泥浆劈破已具强度的第一次注浆的浆体。一般在浆体强度达到5MPa时即可进行，通常为一昼夜左右。第二次注浆压力为2.0～4.0MPa。

连续球体型锚杆注浆是以一硬质塑料管连接注浆泵出口与特制注浆枪来完成的。注浆从锚杆下端开始，每50cm移动一次定点注浆，直至封口布袋处。

⑥外锚头制作。围囹用H型钢为好，因为H型钢双向刚度均大，不需另行加固，使用方便。也可采用工字钢作围囹。

⑦锚杆张拉。当水泥浆体强度达到15MPa时，可对锚杆进行张拉。锚杆张拉由一套专用设备进行，即油泵、穿心式千斤顶和锚具。

锚杆张拉应按张拉程序进行，张拉时由专人操纵机械，记录和观测数据，并随时画出锚杆荷载-变位曲线图，以供判断锚杆质量之用。

3）施工注意事项

①为保证施工质量，应加强技术管理工作，建立质量保证体系，制定岗位职责及工序检验制度，以确保按设计要求及施工技术规范施工。当施工过程中出现异常情况需变更设计时，应履行设计变更审批手续。

②认真填写施工原始记录，按要求办理检验签认手续并妥善保管，作为竣工档案资料。

③做好施工现场的组织管理工作及试验检测工作。注浆时按要求制取试件并在标准条件下养生28d试压，作为灰浆强度的凭证。

④在锚杆张拉前，应对张拉设备进行标定，符合要求后方可用于张拉作业。张拉时应严格按张拉程序及设备操作规程操作，并及时填写施工记录，发现问题及时与施工技术负责人联系并解决。

⑤施工安全工作应高度重视，除建立安全施工措施外，应确保在施工过程中严格执行。这里强调预应力张拉施工的安全，施工脚手架搭设牢固，防止钻机设备倾斜、掉落，确保高压注浆的安全。

任务实施一

学习情境四：路基防护与加固工程施工		
工作任务4-3-1：抗滑桩施工		
工作过程	基本工作内容	相关要求
技术资讯	室内熟悉抗滑桩施工工艺流程、设计文件—现场查看边坡地形、施工场地条件—制定施工比选方案	1. 在实训基地内完成现有边坡抗滑桩施工 2. 编写抗滑桩施工报告，分析施工过程中出现的问题与解决措施，总结施工经验
决策	确定施工方案—落实工作分工与人员责任	
计划	编制施工进度计划，制定质量、安全措施	
实施	准备工作（测量放线、钢筋制作、混凝土拌制、机具就位），按工艺流程组织施工，解决常见问题，安全与环境保护	
检查	孔桩尺寸、深度、倾斜度，钢筋绑扎，保护层厚度，混凝土性能与捣固	
评价	编写抗滑桩施工情况报告，评价施工中出现的技术问题，提出解决措施建议，总结施工经验	
工作任务载体：实训基地现有边坡抗滑桩施工		

任务实施二

学习情境四:路基防护与加固工程施工		
工作任务 4-3-2:预应力锚索施工		
工作过程	基本工作内容	相关要求
技术资讯	室内熟悉预应力锚索施工工艺流程、设计文件—现场查看边坡地形、施工场地条件—制定施工比选方案	1. 在实训基地内完成现有边坡预应力锚索施工 2. 编写预应力锚索施工报告,分析施工过程中出现的问题与解决措施,总结施工经验
决策	确定施工方案—落实工作分工与人员责任	
计划	编制施工进度计划,制定质量、安全措施	
实施	准备工作(测量放线、预应力筋制作、浆液拌制、机具就位、张拉设备检定),按工艺流程组织施工,解决常见问题,安全与环境保护	
检查	锚索孔位、孔深,预应力筋长度,锚固段与自由段长度,张拉力	
评价	编写预应力锚索施工情况报告,评价施工中出现的技术问题,提出解决措施建议,总结施工经验	
工作任务载体:实训基地现有边坡预应力锚索施工		

复习思考题

1. 坡面植物防护类型的种类。
2. 种草防护的适用条件与施工工艺。
3. 三维植被网的适用条件与施工工艺。
4. 坡面骨架植物防护类型的种类。
5. 浆砌片石骨架植草防护的施工流程与施工要点。
6. 锚杆混凝土框架植草防护的施工流程与施工要点。
7. 坡面圬工防护类型的种类。
8. 喷射混凝土防护施工流程与施工要点。
9. 锚杆挂网喷护施工流程与施工要点。
10. 浆砌片石护面墙种类。
11. 封面捶面的适用条件。
12. 根据防护方法的不同,路基冲刷防护可分为哪两类,各类又有哪些具体的防护措施。
13. 抛石防护的适用条件。
14. 抛石防护的施工方法。
15. 浸水挡土墙适用条件。
16. 导流坝的作用。
17. 防护林带的适用条件。

18. 改河道的适用条件。
19. 路基滑坡防护常用的工程措施。
20. 抗滑桩的作用与适用条件。
21. 抗滑桩的施工工艺流程。
22. 抗滑桩成孔方法。
23. 挡土墙的类型与特点。
24. 挡土墙的施工流程。
25. 挡土墙的施工要点。
26. 边坡锚固的原理。
27. 边坡锚固施工流程。
28. 如何保证边坡锚固效果。
29. 土钉支护作用与适用条件。
30. 土钉支护施工工艺流程。
31. 边坡锚固与土钉支护的区别。

学习情境五

特殊路基施工

特殊路基是指在由软土、膨胀土、黄土、盐渍土、多年冻土与季节性冻土以及多雨潮湿等地区的土体上修筑的路基。由于这些土体的性质与一般路基土体有较大的区别。因此,在施工时应特别注意。

工作任务5.1　软土路基施工

学习目标

1. 叙述软土的特点、分布及常用的地基加固类型;
2. 知道软土路基的特点、工程危害、加固类型的适用条件和施工工艺;
3. 分析软土的力学指标,选择合适的加固类型;
4. 根据公路路基施工技术规范完成软土路基加固施工技术作业;
5. 正确完成给定的具体软土路基工程,选择适当的地基加固措施,编制施工工艺流程。

任务描述

通过完成本任务,要明确公路软土路基地基加固常采用的措施及其相应的适用条件。针对具体的软土路基实例,应能提出切实可行的加固方案,编制出相应的施工工艺流程和施工注意事项。

学习引导

本工作任务沿着以下脉络进行学习:

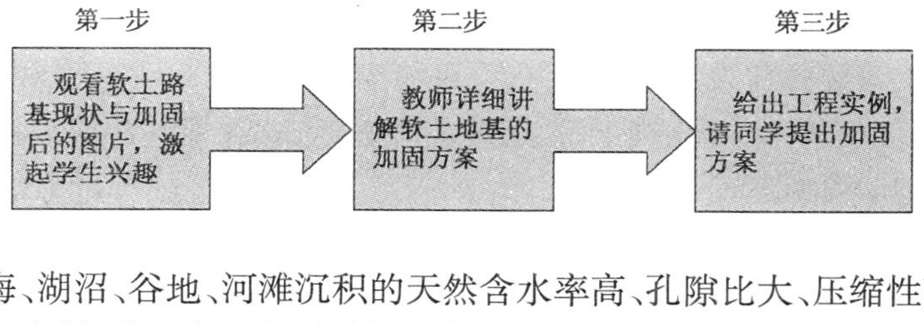

软土是指滨海、湖沼、谷地、河滩沉积的天然含水率高、孔隙比大、压缩性高、抗剪强度低的细粒土。从广义上来说,软土包括松砂、淤泥、淤泥质土、软弱吹填土和杂填土等。软土地基工程地质勘察可按表5-1的特征指标综合地鉴别软土。

软土鉴别表 表5-1

特征指标名称	天然含水率(%)	天然孔隙比	十字板剪切强度(kPa)
指标值	≥35与液限	≥1.0	<35

软土的分类,按成因不同软土可分为内陆盆地沉积和海洋沿岸沉积两大类;按其沉积环境及特性的不同,可分为七种类型,其类型分布见表5-2。

软土类型分布概况表 表5-2

<table>
<tr><th colspan="2">生成类型</th><th>特　征</th><th>一般物理力学性质</th><th>分面概况</th></tr>
<tr><td rowspan="7">海洋沿岸沉积和内陆盆地沉积</td><td>泻湖相沉积</td><td>颗粒极细,孔隙比大,强度低,常有泥炭薄层,分布范围广,厚度为2～25m,最大可达60m</td><td rowspan="4">表层硬壳:0～3m
天然容重:14.71～17.65kN/m^3
孔隙比:1.0～2.3
含水率:40%～100%
快剪黏结力:0.2～2.0Pa
内摩擦角:1°～7°
压缩系数:12～30×10^{-4}kPa^{-1}</td><td rowspan="4">东海、黄海、渤海等沿海岸地区</td></tr>
<tr><td>弱谷相沉积</td><td>孔隙比大,结构疏松,含水量高,分布范围较窄</td></tr>
<tr><td>滨海相沉积</td><td>常用砂砾掺杂,组成较乱而不均匀,极疏松渗透性较好,易于固结压缩,面积广,厚度大于60m,有时达200m</td></tr>
<tr><td>三角洲相沉积</td><td>分选性差,结构不稳定带有交错的粉砂薄层的层理,水平渗透性较好</td></tr>
<tr><td>湖相沉积</td><td>粉土颗粒,含水率高,层理均匀清晰,厚度一般小于20m</td><td>表层硬壳:0～5m
天然容重:14.71～18.63kN/m^3
孔隙比:0.9～1.8
含水率:35%～70%
快剪黏结力:0.5～2.5Pa
内摩擦角:0°～11°
压缩系数:8～30×10^{-4}kPa^{-1}</td><td>洞庭湖、洪泽湖、鄱阳湖、太湖等周边,古云梦泽边缘地带</td></tr>
<tr><td>河漫滩相沉积</td><td>沉积零乱,岩性复杂,富有中细层细砂交错层,呈透镜状分布</td><td rowspan="2">天然容重:14.71～18.63kN/m^3
孔隙比:0.8～1.8
含水率:30%～60%
快剪黏结力:0.5～3.0Pa
内摩擦角:0°～10°
压缩系数:8～30×10^{-4}kPa^{-1}</td><td rowspan="2">长江中下游河口、珠江下游、淮河平原、闽江下游等地</td></tr>
<tr><td>丘陵谷地相沉积</td><td>呈片带状分布,厚度变化大,底部具有较大横坡,颗粒由山前到谷中逐渐变细,厚度一般为7～10m</td></tr>
</table>

软土地基就是指压缩层主要由淤泥及淤泥质土、吹填土、杂填土或其他高压缩性土层组成的地基。一般认为,只要外荷载加在土基上,有可能出现有害的过大变形和强度不够等问题,使建筑物(路基、桥涵等构造物)出现下沉、裂缝甚至破坏,这种地基都应该视为软土地基。在公路建设中,软土地基可引起如下问题:

(1)由于道路等级高、路堤填土高,引起路基的沉降、路堤的失稳;

(2)桥头路堤与桥台的沉降差,在高速行驶的情况下,容易引起跳车;

(3)软基沉降量超出工后沉降允许范围;

(4)软基上结构物的沉降、涵管弯曲;

(5)软基上各类路面结构类型的设计与施工存在的问题。

从软基加固角度来说,一般砂类土地基承载力比黏质土地基承载力高,沉降也比黏质土小,由于砂类土较易透水,它在外荷载作用下产生的沉降能在短时间完成,不像黏质土过程漫长。但是砂类土,特别是松散的细砂或粉砂,在地震力作用下会发生液化,所以砂类土加固防止液化是一项重要内容。

一、换填土法施工

当软土地基的承载力和变形满足不了设计要求,而软土层的厚度又不是很大时,将路基底面下处理范围内的软弱土层部分或全部挖除(图5-1),然后分层换填强度较大的砂(碎石、素土、灰土、二灰土等)或其他强度较高、性能稳定、无侵蚀性的材料(图5-2),并用人工或机械方法压实至要求的密实度为止,这种地基处理的方法称为换填土法,它多用于公路构筑物的地基处理。

图5-1　软弱土层挖除

a)

b)

图5-2　软基换填

a)换填土层;b)换填碎石

机械碾压、重锤夯实、振动压实法作为压实垫层的不同施工方法,不但可以处理分层回填垫层材料,同时又可加入同地基表层土。

换填土法按回填不同的材料,命名为该种材料的垫层,如砂垫层、碎石垫层、素土垫层、灰土垫层、二灰土垫层等。虽然不同材料的垫层,其应力分布稍有差异,但从试验结果分析其极限承载力还是比较接近的。通过沉降观测资料发现不同材料垫层的特点基本相似,故可以近似地按砂垫层的计算方法进行计算。

换填土法不仅适用于淤泥、淤泥质土、素填土、杂填土地基及暗沟、暗塘等浅层和低洼区域处理,还适用于处理湿陷性黄土、膨胀土和季节性冻土等一些区域性特殊土。换填土法的处理深度通常宜控制在3m以内,也不宜小于0.5m,垫层太薄,换土垫层的作用不显著。

1.垫层材料的选择

换填土法的垫层常用材料为砂、砂石、素土、灰土、二灰土等无黏性土,这类土的强度大、压缩性小、透水性好,密实度较好,且在不少地区料源丰富,因而广泛使用。

1)砂和砂石垫层材料

用砂和砂石料作为垫层材料时，应选用颗粒级配良好、质地坚硬的中、粗砂为佳，可掺入一定数量的碎（卵）石，但要分布均匀，颗粒的不均匀系数（C_u）不宜小于10。若采用粉细砂，使用时应均匀掺入25～30%的碎石基卵石，卵石最大粒径不宜大于50mm；当碾压（或夯实、振动）功能较大时，其粒径不宜大于80mm。

2)素土垫层材料

素土可采用施工过程中挖出的黏性土，土料中有机质含量不得超过5%，也不得含有冻土或膨胀土。当含有碎石时，其粒径不宜大于50mm。素土垫层材料不宜采用地表耕植土、淤泥及淤泥质土、杂填土等。

3)灰土垫层材料

灰土垫层是将路基底面下一定范围内的软弱土层挖去，用按一定体积配合比的灰土（石灰和土料）在最佳含水率条件下分层回填夯实或压实，适用于处理厚1～4m的软弱土层。在施工现场用作灰土的熟石灰应过筛，其粒径不宜大于5mm。熟石灰中不得夹有未熟化的生石灰，也不得含有过多的水分。土料常采用施工中挖出的不含有机质的黏性土或塑性指数大于4的粉土拌制，不得使用地表耕植土、冻土、膨胀土以及有机质含量超过8%的土料，且土料应过筛，其粒径不宜大于15mm。

4)碎石和矿渣垫层材料

碎石垫层用的碎石粒径，一般为5～40mm的自然级配碎石，含泥量不宜大于5%。

矿渣垫层应根据工程的具体条件选用矿渣垫层材料。大面积填铺时，多采用不经筛分的不分级的高炉混合矿渣，最大粒径不宜大于200mm或不大于碾压分层虚铺层厚的2/3；小面积垫层采用20～60mm分级矿渣。

在碎石和钢渣垫层的底部，为防止基坑表层软弱土发生局部破坏而产生过量沉降，一般应设置一层15～30mm厚的砂垫层，砂料应采用中、粗砂，然后再铺筑碎石或钢渣垫层。

2. 垫层施工方法

（1）当地基表层具有一定厚度的硬壳层，其承载力较好，能上一般运输机械时，宜采用机械分堆摊铺法，即先堆成若干砂堆，然后用机械或人工摊平。

（2）当硬壳承载力不足时，宜采用顺序推进摊铺法。

（3）当软土地基表面很软，如新沉积或新吹填不久的超软地基，首先要改善地基表面的持力条件，使其能上施工人员和轻型运输工具。工程上常采用如下措施：

①地基表面铺荆笆。搭接处用铅丝绑扎，以承受垫层等荷载引起的拉力，搭接长度取决于地基土的性质，一般搭接长20cm。当采用两层荆笆时，应将搭接处错开，错开距离以搭缝的一半为宜。

②表面铺设塑料编织网或尼龙纺织网，纺织网上再作砂垫层。

③表面铺设土工合成材料，再铺排水垫层。

以上为目前超软地基上施工常用的方法，它们可单一使用，也可混合使用，还可根据当地材料资源，选择具有一定抗拉强度、断面小的材料。选择时应注意：

A. 饱水后材料要有足够的抗拉强度；

B. 当被加固地基处在边坡位置或将会有水平力作用时，由于材料腐烂而形成软弱夹层，给加固后地基的稳定性带来潜在影响。

④尽管对超软地基表面采取了加固措施，但持力效果仍然很差，一般轻型机械上不去，在

这种情况下，通常采用人工或轻便机械顺序推进铺设。

无论采用何种施工方法，在排水垫层的施工过程中应避免对软土表层的过大扰动，以免造成砂和淤泥混合，影响垫层的排水效果。

3. 施工中的注意事项

（1）换填土法施工的关键是将垫层材料压实到设计要求的密实度。压实常用方法有机械碾压法、重锤夯实法和振动压实法。这些方法要求垫层材料分层铺设，然后逐层振密或压实。

①机械碾压法是采用压路机、推土机、羊足碾或其他压实机械，利用机械自重压实地基。施工时先将一定深度内的软弱土挖去，开挖的深度和宽度应根据设计的具体要求确定。先在基坑底部碾压，再将砂石或素（灰、二灰）土等在基坑内分层铺筑，然后逐层压实。机械碾压法施工时，应根据压实机械的压实能量控制碾压土的最佳含水率，选择适当的碾压分层厚度和碾压的遍数。

②重锤夯实法是用起重机械将夯锤提升到一定高度，自由落锤，以重锤自由下落的冲击力来夯实浅层地基和垫层填土。重锤夯实分层填土时，每层的虚铺厚度以相当于锤底直径为宜，夯实完后应将路基表面修整至设计标高。

重锤夯实的现场试验应确定最少夯击遍数、最后 2 遍平均夯沉量和有效夯实深度等。夯实遍数一般为 8 ~ 12 遍，一般重锤夯实的有效夯实深度为 1m，并可消除 1.0 ~ 1.5m 厚土层的湿陷性。

③振动压实法是用振动压实机械在地基表面施加振动力以振实浅层松散土的地基处理和垫层压实的方法。实践证明，振动压实法适用于处理砂、砂石、碎石、炉渣等渗透性较好的无黏性土为主的松散填土，也适用于处理黏粒含量少、透水性较好的松散杂填土。

振实范围应从路基边缘放出约 0.6m，先振两边，后振中间，其振实的标准是以振动机原地振实不再继续下沉为合格。地下水位过高会影响振实效果，当地下水位距振实面小于 60cm 时，应降低地下水位。另外，施振前应对工程场地周围环境进行调查。一般情况下，振源与邻近建筑物、地下管线或其他设施的距离应大于 3m。如有危房和重要地下管线，应事先进行加固处理。

（2）以黏性土为主的软弱土，宜采用平碾或羊足碾；对砂土、砂石料、碎石土和杂填土宜采用振动碾或振动压实机；对于狭窄场地、边角及接触带可用蛙式夯实机。压实效果、分层铺填厚度、压实遍数、最优含水率等应根据具体施工方法及施工机械通过现场试验确定。一般情况下，采用平板振动器，最优含水率为 15% ~20%；用平碾及蛙式夯时最优含水率为 8% ~12%；用插入式振动器时，宜对饱和的碎石、卵石或矿渣充分洒水湿透后进行夯压。

（3）垫层施工前必须对下卧地基进行检验，如发现局部软弱土层应予挖除，再用素土或灰土填平夯实。对垫层底部有古井、古墓、洞穴、旧基础、暗塘等软硬不均的部位时，应清理后，再用砂石逐层回填夯实，并经检验合格后，方可铺填上一层砂石料后再行施工。

（4）严禁扰动垫层下卧的软土，为防止践踏、受冻、浸泡或暴晒过久，坑底可保留 200mm 厚土层暂不挖去，待铺砂石料前再挖至设计标高，如有浮土必须清除，当坑底为饱和软土时，须在土面接触处铺一层细砂起反滤作用，其厚度不计入砂垫层设计厚度内。

（5）砂石垫层的底面宜铺设在同一标高上，如深度不同，基底土层面应挖成阶梯或斜坡搭接，各分层搭接位置应错开 0.5 ~1.0m 距离，搭接处注意捣实，施工应按先深后浅的顺序进行。垫层竣工后，应及时施工上层路面。

（6）垫层施工应注意控制分层铺填厚度。每层压实遍数宜通过试验确定。分层松铺厚度，可按采用的压实机具现场试验来确定，一般情况下松铺 30cm，分层压实厚度为 20cm。为保证分层压实质量应控制机械碾压速度，一般平碾碾压速度为 2km/h；羊足碾碾压速度为 3km/h；振动碾碾压速度为 2km/h；振动压实机碾压速度为 0.5km/h。

(7)人工级配的砂石应拌和均匀。用细砂做填料时，应注意地下水的影响，且不宜使用平振法、插振法和水振法。灰土、二灰土材料应拌和均空，注意配合比，控制含水率，如土料水分过多或不足时应晾干或洒水润湿。

(8)当施工中地下水位高于挖土底面时，宜采用排水或降水措施，注意边坡稳定，以防止坍土混入砂石垫层中。

(9)压实后的灰土、二灰土应采取排水措施，3 天内不得受水浸泡。

(10)灰土、二灰土垫层铺筑完毕后，要避免日晒雨淋，及时铺筑上层路面。

二、抛石挤淤法施工

抛石挤淤法就是通过向流塑状且高灵敏度的饱和软土中抛入较大的片石、块石，使片石、块石强行挤出饱和软土并占据其位置，以此来提高地基承载力、减小沉降量，提高土体的稳定性的地基处理法，见图 5-3。

图 5-3　抛石挤淤

在修建道路处，若系常年积水的洼地，排水困难，地基为软弱土，承载力极小而且近于流塑状态，附近又有石料可以利用，经济上适宜时，可考虑采用抛石挤淤方法修筑路基。

采用抛石挤淤法，地基的地质条件除土接近流塑，承载力极小之外，软弱土的厚度一般不宜大于 4m，且其下有较硬的承载层，表层无硬壳层，所抛片石能沉达底部。

石料的选择，应选用不易风化的片石，片石厚度或直径不宜小于 300mm。

抛石挤淤应按照路堤断面及所处的地形进行施工。一般的情况下，应从路堤的中部开始，使中部先从积水洼地露出之后，再渐渐向两侧扩展，以便淤泥向前及两侧挤出。当软土或泥沼底面有较大横坡(陡于 1∶10)时，抛石则应自高侧向低侧填筑，并在低侧坡脚外一定宽度内同时抛填形成片石平台，使所筑路堤处于稳定状态。

在片石抛填出水面之后，宜用强力振实设备进行振实，使片石落位稳定。然后在已稳定的片石层上铺填一层碎石，再次进行强力振实和碾压，使碎石嵌入片石缝中，反复进行，以使填石密实。此层完成之后，按一般路堤施工方法进行路堤的填筑。抛石挤淤的断面，见图 5-4。

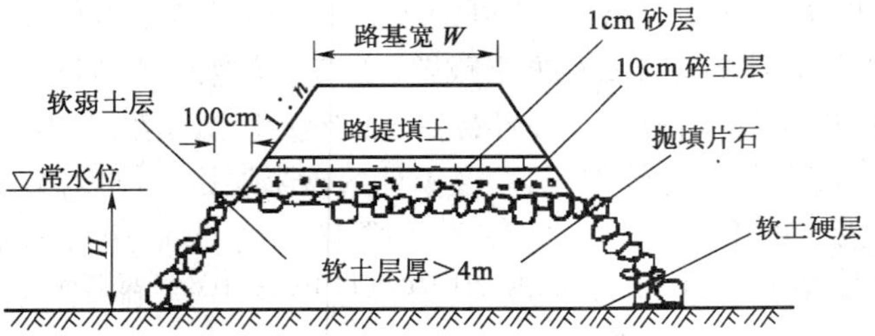

图 5-4　抛石挤淤断面图

工作任务5.2　膨胀土地区路基施工

学习目标

1. 叙述膨胀土的特点、分布、常用的工程处理措施；
2. 知道膨胀土路基的特点与工程危害，处理方案的适用条件和施工工艺；
3. 分析膨胀土的力学指标，选择合适的处理措施；
4. 根据公路路基施工技术规范完成膨胀土路基处理施工技术作业；
5. 正确完成给定的具体膨胀土公路路基工程，选择适当的处理措施，编制施工工艺流程。

任务描述

通过完成本任务，要明确膨胀土地区公路路基常采用的处理措施及其相应的适用条件。针对具体的膨胀土路基实例，应能提出切实可行的处理方案，编制出相应的施工工艺流程和施工注意事项。

学习引导

本工作任务沿着以下脉络进行学习：

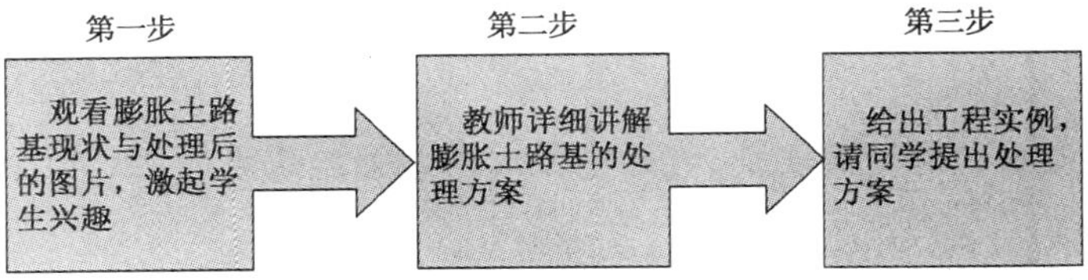

膨胀土是指黏粒成分主要由强亲水性矿物组成，并具有显著胀缩性的黏性土。在黄河流域及其以南地区分布较广泛。这种土有吸水膨胀、失水收缩并往复变形的性质，对路基及人工构造物等都有破坏作用，并且不易修复，见图5-5。

一、膨胀土路基施工

1. 路堤填筑

(1)铺筑试验路段。膨胀土地区路堤施工前，应按规定做试验路段，为路堤的正式施工提供数据资料和经验。

(2)原地面处理。在膨胀土地区修建公路，特别是修建高速及一级公路时，在路堤填筑前，必须对原地面进行处理，并应满足如下要求：

①填高不足1m的路堤，必须挖去地表30～60cm的膨胀土，换填非膨胀土，按规定压实。

②地表为潮湿土时，必须挖去湿软土层，换填碎、砾石土、砂砾或挖方坚硬岩石碎渣或将土翻开掺石灰处理。

（3）填筑材料及作业要求。强膨胀土稳定性差，不应作为路堤填料；中等膨胀土经过加工改良处理可作为填料；弱膨胀土可根据当地气候、水文情况及道路等级加以应用，胀缩总率不超过0.7%的弱膨胀土可直接填筑。对于直接使用中、弱膨胀土填筑路堤时，应及时对边坡及顶部进行防护作业。

①高速、一级、二级公路采用中等膨胀土做路床填料时，应做掺灰（一般为石灰）改性处理，改性处理后要求胀缩总率不超过0.7%。

②限于条件，高速、一级公路用中等膨胀土填筑路堤时，路堤填成后，应立即做浆砌护坡封闭边坡。当填至路床底面时，应停止填筑，改用符合强度要求的非膨胀土或改性处理的膨胀土填至路床顶面设计标高并进行严格压实。如当年不能铺筑路面，则应加做封层，封层的填筑厚度不宜小于20cm，并设不小于2%的横坡。

③使用膨胀土做填料时，为增加其稳定性，可采用石灰处治，石灰剂量可通过试验确定，要求掺灰处理后的膨胀土，其胀缩总率接近零为佳，见图5-6。

图5-5　失水收缩后的膨胀土

图5-6　膨胀土填筑

④公路可用接近最佳含水率的膨胀土填筑路堤，但两边边坡部分要用非膨胀土作为封层。路堤顶面也要用非膨胀土形成包心填方。

2. 路堑开挖

（1）施工前的准备。路堑施工前，先开挖截水沟并铺设浆砌圬工，其出口应延伸至桥涵进出口。

（2）开挖作业及要求。膨胀土地区路堑开挖应满足下列要求：

①挖方边坡不要一次挖到设计线，沿边坡预留厚度30～50cm一层，待路堑挖完时，再削去边坡预留部分，并立即以浆砌护坡封闭。

②如路基与路面不连续施工时，二级及以下公路的挖方地段挖到距路床顶面以上30cm时，应停止向下开挖，同时挖好临时排水沟，待做路面时，再挖至路床顶面以下30cm并用非膨胀土回填，按要求压实。如路基与路面连续施工时，对高速、一级公路应一次性超挖路床30～50cm，并立即用粒料或非膨胀土分层回填或用改性土回填，按规定压实。

3. 路基碾压

（1）先要根据膨胀土自由膨胀率的大小，选用工作质量适宜的碾压机具。一般情况下，自由膨胀率越大的土采用的压实机具应越重。

（2）由于膨胀土遇水易膨胀，因此压实时，应在最佳含水率时进行。

（3）压实土层不宜过厚，一般不得大于30cm。

（4）土块应击碎至37.5mm粒径以下，以便土块中水分蒸发，减少土块本身的膨胀率，有利于提高压实效率。

(5)路堤与路堑分界处，即填挖交界处，两者土内的含水率不一定相同，原有的密实程度也不相同，压实时应使其压实得均匀、紧密，避免发生不均匀沉陷。因此，填挖交界处2m范围内的挖方地基表面的土应挖成台阶并翻松，检查其含水率是否与填土含水率相近，同时采用适宜的压实机具，将其压实到规定的压实度。

(6)因膨胀土路基压实后的紧密程度比一般土填筑的路段更重要，因此，压实度的检验频率应增加一倍，为每2 000m^2检查16点。

4. 施工注意事项

(1)膨胀土地区的路基施工，应避开雨季作业，加强现场排水，保证地基和已填筑的路基不被水浸泡。

(2)膨胀土地区路基施工，开挖后各道工序要紧密衔接，连续施工，分段完成，高速、一级公路更应如此，路基填筑后不应间隔太久或越冬后做路面。

(3)路堤、路堑边坡按设计修整后，应立即浆砌护墙、护坡，防止雨水直接侵蚀。

(4)膨胀土地区路床土的强度及压实标准应符合有关规定。

5. 施工中的控制要点

由于膨胀土在一般情况下不宜作为路堤填料，但公路所经膨胀土地区常常由于路线长，膨胀土分布范围广，难于找到非膨胀土，这就提出了改善膨胀土特性，满足填方要求的课题。在实际施工中，除强膨胀土不宜使用外，对中等和弱膨胀土可以采取相应的治理措施，增加其稳定性，主要的方法是在膨胀土中加入稳定剂（石灰）和冲稀材料（砾石或粉煤灰）。在膨胀土中加入石灰进行改性处理，主要是针对黏土矿物中易亲水的蒙脱石、伊利石，使其与石灰发生物理、化学作用，进行离子交换。施工中要控制好以下几个要点：

(1)掺加石灰对膨胀土进行改性处理。膨胀土中加入石灰后，由于石灰水化产生大量钙离子，与膨胀土中的蒙脱石、伊利石等矿物层起吸附水作用，同时也把大量钙离子和溶液中析出$Ca(OH)_2$粒子，吸附到其颗粒周围，这些作用形成石灰的水化物在膨胀土矿物颗粒表面聚集。经硬化结晶，形成一种防止膨胀土颗粒内水化散和外水内侵的固化层，其结果将使膨胀土减弱亲水性，增加自身的稳定性。

(2)加强土的粉碎和拌和的均匀性。自取土坑挖出的土块，一般粒径都较大，在5~10cm以上，经风吹日晒形成外硬内塑的状态，施工时必须将土块击碎，保证粒径在5cm以下，通常在土块外表的含水率略大于最佳含水率时旋耕、粉碎效果较好。同时要求石灰要与土拌和均匀，为了避免出现素土夹层和大块集中区，碾压厚度控制在旋耕机一般旋耕深度(25cm)以内。

(3)加强压实。与一般路基相比，压实机具应选重型压路机、振动压路机或35~50t的轮胎压路机。压路机的行驶速度不宜超过4km/h。碾压时，直线段由双边向中央，小半径曲线段由内侧向外侧，纵向进退式进行；横向接头处振动压路机要重叠0.4~0.5m，对三轮压路机一般重叠后轮的1/2，前后两相邻区段发纵向重叠1~2m，做到无漏压，无死角。在路堤与路堑分界地段更应碾压密实，考虑到膨胀土路堤的沉降，路堤边缘两侧应各加宽30~50cm，路基成型后刷坡整平。

由于雨水的浸入，路基会出现表面隆起、膨胀，因此，雨后及时复压，对保证路基密实度也很重要。

(4)路堤填筑要连续施工。完工之后，路堤两侧边坡的防护封闭工程必须及时施工，做好膨胀土路基的防水、保温、防风化工作。

(5)有条件的地方对黏土路基顶面80cm，应选用非膨胀土回填。

工作任务5.3　黄土地区路基施工

学习目标

1. 叙述黄土的特点、分布、常用的工程处理措施；
2. 知道黄土路基的特点与工程危害，处理方案的适用条件和施工工艺；
3. 分析黄土的力学指标，选择合适的处理措施；
4. 根据公路路基施工技术规范完成黄土路基处理施工技术作业；
5. 正确完成给定的具体黄土公路路基工程，选择适当的处理措施，编制施工工艺流程。

任务描述

通过完成本任务，要明确黄土地区公路路基常采用的处理措施及其相应的适用条件。针对具体的黄土路基实例，应能提出切实可行的处理方案，编制出相应的施工工艺流程和施工注意事项。

学习引导

本工作任务沿着以下脉络进行学习：

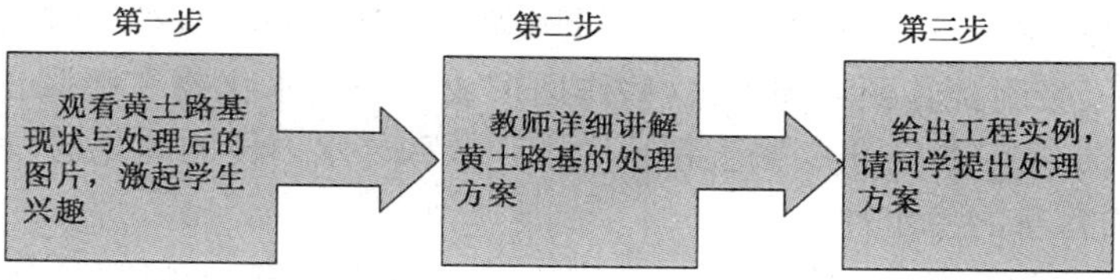

黄土是第四纪时期形成的一种特殊堆积物，颜色以淡黄色为主，有黄、褐等色，颗粒组成以粉土颗粒为主，富含硫酸盐，具有大孔隙，见图5-7。黄土在我国主要分布在北纬34°～41°大陆内部干旱和半干旱地区，即西北、华北、内蒙古等地区。其中以黄土高原的黄土沉积最为典型。黄土高原主要是指秦岭以北、长城以南、太行山以西、日月山以东的黄河中游地区的陕、甘、宁、豫、晋等省，河北、山东、青海及新疆等地也有所分布。

图5-7　黄土地貌

一、黄土的工程特性

1. 黄土的结构特征

(1)黄土的颗粒组成以粉粒为主,其含量可达50%以上,其中粗粉粒(0.01~0.05mm)含量又大于细粉粒(0.005~0.01mm)含量。

(2)黄土孔隙率为35%~60%,从地理分布上则自东向西、自南向北孔隙率逐渐增大。黄土中的孔隙呈垂直或倾斜的管状,以垂直为主,上下贯通。其内壁附有白色的碳酸钙薄膜。碳酸钙的胶结对黄土起着加固的作用。

(3)黄土的节理。黄土的节理以垂直节理为主,一般在干燥而固结的黄土层中比较发育,土层上部比下部发达。黄土中的斜节理是由新构造运动造成的。

2. 黄土的渗水、收缩、膨胀和崩解

由于黄土孔隙率大及垂直的节理,所以垂直方向的透水性比水平方向大。即压实后,孔隙及节理被破坏,因黄土中的粗粒含量高,其渗水能力也比一般黏质土强。

黄土遇水后便膨胀,干燥后又收缩。经多次胀缩后,容易形成裂缝及剥落。由于土的自重作用使粉粒在垂直方向的间距变小,所以具有天然湿度的黄土在干燥后,水平方向的收缩量比垂直方向的收缩大。不同类别黄土的崩解情况相差很大。新黄土浸入水中很快就崩解,而老黄土要经过一段时间才全部崩解,红色黄土基本不崩解。

3. 黄土的物理特性

(1)黄土的抗剪强度。黄土的抗剪强度以水平方向最大,垂直方向最小;冲积、洪积有水平层理关系的黄土,则正好相反,水平方向小而垂直方向大。

(2)黄土的湿陷性。黄土可分为两类,一类为湿陷性黄土,另一类为非湿陷性黄土。

(3)黄土的液塑限。从黄土的液塑限试验结果看,黄土是一种特殊的黏质土或粉质土。

(4)黄土的击实特性。黄土的最大干密度为1.85~1.89g/cm^3,最佳含水率为13.8%~15.0%。高等级公路使用黄土填筑路堤时施工含水率的控制范围很小。这就是黄土填筑高等级公路路堤的困难所在。

二、黄土地区路基施工

1. 常规路堤施工方法及注意事项

黄土路堤施工除采用常规路堤的施工方法外,应特别注意以下事项。

(1)施工含水率的控制。黄土压实对水很敏感,含水率的施工控制较难。施工时,应通过击实曲线确定达到某一压实标准干密度相应的含水率范围,并应在取土场控制。如取土场天然含水率低于施工要求含水率范围,则可在取土场采用闷土提高土的含水率。闷土时,在取土场表面修筑网状水渠,浇水使其均匀渗入土中,若干天后即可使用。

黄土地区大多干旱少雨,路基施工的主要困难是缺乏水源。因此在求得最佳含水率后,摊铺厚度应控制在25~30cm,可将现场含水率控制在低于最佳含水率的1~2个百分点以内,选用15t以上的压路机进行碾压。这样减少了用水量,也可以达到要求的密实度。

在施工中为防止和减少水的蒸发,上路的土要及时碾压,洒水后的土达到最佳含水率时也要及时进行碾压。

(2)摊铺。路基土运到现场后应及时摊铺。当使用普通振动压路机时,必须保证摊铺厚度在30cm以内,厚度应在现场经过试验路段试验后确定,见图5-8。施工中常见的问题是摊铺厚度超厚，摊铺的平整度问题也一直被忽视。如果路基不平整，碾压后各个点上土的受力就不同，造成路基强度不均匀，日后会形成不均匀变形及沉降。路基刚碾压完时平整度很好，而经过一段时间行车就会出现凸凹不平。

(3)碾压。同一种土的最佳含水率随压实功能的增加而减少，而最大密度则随压实功能的增加而增大。当含水率一定时，压实功能越大，则密实度越高。黄土路堤施工中选择适当的压路机非常重要的。一般情况下，应选择18t以上的重型压路机。当采用振动式压路机时，配合以静碾光轮压路机可弥补表层密度不够的缺陷，见图5-9。

图5-8　黄土摊铺

图5-9　黄土碾压

黄土路堤试验路资料显示，宽填尺寸不小于50cm时，路基边缘压实度才可保证。所以，施工中宽填尺寸应不小于50cm，以保证路基的整体压实度达标。同时，尽可能增加光轮压路机在边缘的压实遍数。

(4)压实度的检测。黄土路堤施工压实度的检测要及时、快速，发现不符合要求的地段应及时进行补压处理，以确保填筑质量。

(5)黄土路堤施工注意事项如下：

①严格控制黄土的含水率，使其接近最佳含水率。

②选用大吨位的压实机具。

③因黄土的压实对含水率很敏感，施工时在多雨季节要注意防雨和排水；摊铺时要做成2%～4%的路拱，以防填筑面积水；上料时随上随摊铺并及时碾压；当水分过大出现弹簧现象时，应换填砂砾或用石灰粉处理。

④做好排水设施。因黄土易受水冲蚀，为防止下雨时路拱汇集的水冲刷路堤边坡，要及时修筑边坡防护工程，以确保已施工的路堤边坡不被冲出深沟，影响路堤的安全。

2. 路堑的施工

(1)边坡。黄土路堑边坡，应严格按设计坡度开挖，如设计为陡坡时，施工中不得放缓，以免引起边坡冲刷。

黄土路堑边坡受各种因素的影响，容易产生变形，因此，施工中应采取措施进行边坡的防护加固，见图5-10。

图5-10　施工完的黄土边坡

(2)路床。路堑施工，当挖到接近设计标高时，应对上路床部分的土基整体强度和压实度进行检测。

如路堑路床土质不符合设计规定时，则应将其挖除，另取土分层摊铺、碾压至规定的压实度。挖除厚度根据道路等级对路床的要求而定，高速公路、一级公路宜挖除50cm，其他公路可挖除20cm。

如路堑路床的密实度不足，土质符合设计规定，则视其含水率的情况或经洒水或经翻松晾晒至要求含水率再进行整平碾压至规定压实度。

三、湿陷性黄土地区路基施工

1. 湿陷性黄土的分布

湿陷性黄土占我国黄土地区总面积的60%以上，而且又多出现在地表上层，主要分布在山西、陕西、甘肃大部分地区以及河南西部，其次是宁夏、青海、河北的部分地区，新疆、山东、辽宁等地局部也有发现，分布十分广泛。

2. 湿陷性黄土的特性

湿陷性黄土具备黄土的一般特征，如黄色或黄褐色，粒度成分以粉土颗粒为主约占50%以上，具有肉眼可见的孔隙等。另外，它呈松散多孔结构状态，孔隙比常在1.0以上，天然剖面具有垂直节理，含水溶性盐（碳酸盐、硫酸盐类）较多，垂直大孔性、松散多孔结构，遇水后土颗粒间的加固凝聚力降低或消失而沉陷。

3. 湿陷性黄土地基的处理

湿陷性黄土地基的处理目的是改善土的性质，减少土的涌水性、压缩性，控制其湿陷性的发生，以保证工程质量。对路基原地表土层采取必要的措施，如重机碾压、重锤夯实、石灰挤密加固、换填土等，提高土层承载力，减少下沉量。路基地基处理面积大，范围广，如采用重锤夯实、石灰挤密加固、换填土的办法。对I、II级湿陷性黄土处理，则工程量大，造价高，工期长。因此，国内许多高速公路都采用冲击压路机，见图5-11。冲击压路机具有作用力大、作用深度深的优点，其压实有效深度能达到1m以上，一般合理的压实遍数在12~15遍，作业速度快，对4 000m^2路基地基连续作业15遍仅需3小时。

对涵洞、通道构造物湿陷性黄土地基的处理，常用的方法有灰土（或素土）垫层、重锤夯实、灰土（或素土）挤密桩，可根据地基湿陷等级、结构物的要求处理厚度、施工技术条件等选择使用。

①灰土（或素土）垫层处理湿陷性黄土地基，将基底以下湿陷性土层全部挖出或挖至设计的深度，然后以灰土（3:7）或素土（就地挖出的黏质土）分层回填，分层夯实。它消除了垫层范围内的湿陷性，减轻或避免了地基附加压力产生的湿陷，施工简易，效果显著，适用于处理厚度较小的湿陷性黄土。I级湿陷性黄土段落构造物基底多采用超挖80cm素土回填压实再换填30~50cm灰土垫层。

②重锤夯实处理湿陷性黄土地基。重锤夯实法适用于地下水位以上的湿陷性黄土，重锤夯实能增加土的密实度，减少或消除地基土的湿陷变形，并可提高地基承载力，见图5-12。

图5-11　冲击压路机

图5-12　黄土地基重锤夯实

一般采用锤重 100～200kN，落距 10～20m 夯击湿陷性黄土，可消除 4～8m 深度内黄土的湿陷性。

③灰土（或素土）挤密桩处理湿陷性黄土地基。灰土（或素土）挤密地基是桩间挤密土和填夯的桩体组成的人工复合地基见图 5-13。沉桩时土的侧向挤密效应，单桩的影响半径通常为1.0～1.5倍的桩径。挤密桩通过桩与桩之间的挤密效果的叠加使桩与桩间土共同作用，以保持地基的稳定性。灰土（或素土）桩承担的荷载是通过桩的摩擦力向桩周围的土传递，其深度一般不超过 6～10 倍桩径。

图 5-13　挤密桩施工

施工中采用沉管法成孔，使用柴油打夯机，锤重 25KN，落距 250cm。桩孔填夯采用安装在自卸汽车上行走的偏心轮夹杆式夯实机，夯锤重 1 000kn，落距 100cm，每分钟击 40～50次。

灰土（或素土）挤密桩可处理厚度较大的湿陷性黄土，最大处理深度可达 15m。实践证明，复合地基承载力较高，施工操作方便且经济。

工作任务 5.4　盐渍土地区路基施工

学习目标

1. 叙述盐渍土的特点、分布、常用的工程处理措施；
2. 知道盐渍土路基的特点与工程危害，处理方案的适用条件和施工工艺；
3. 分析盐渍土的力学指标，选择合适的处理措施；
4. 根据公路路基施工技术规范完成盐渍土路基处理施工技术作业；
5. 正确完成给定的具体盐渍土公路路基工程，选择适当的处理措施，编制施工工艺流程。

任务描述

通过完成本任务，要明确盐渍土地区公路路基常采用的处理措施及其相应的适用条件。针对具体的盐渍土路基实例，应能提出切实可行的处理方案，编制出相应的施工工艺流程和施工注意事项。

学习引导

本工作任务沿着以下脉络进行学习：

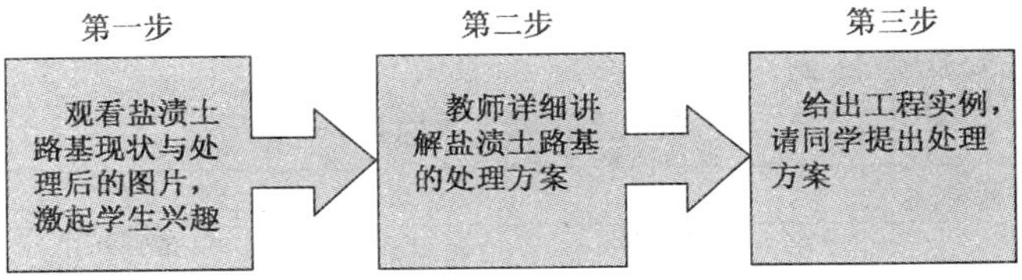

盐渍土是指地表1m内易溶盐含量超过0.3%时的土层。

土中最常遇到的易溶盐类主要有：氯化钠、氯化镁、氯化钙、硫酸钠、硫酸镁、碳酸钠、重碳酸钠，有时也可遇到不易溶解的硫酸钙和很难溶解的碳酸钙。

1. 盐渍土的分布

盐渍土的分布见表5-3。

盐 渍 土 分 布 表5-3

<table>
<tr><th>依 据</th><th colspan="2">名 称</th><th>说 明</th></tr>
<tr><td rowspan="3">按地理分布区域</td><td colspan="2">沿海盐渍土区</td><td>包括辽宁、河北、山东、江苏等省沿海地区，主要是由于受海水浸渍或海岸退移形成。主要是氯盐渍土，一般含盐量在5%以下。该区气候比较湿润，地下水位较高，水对这些地区的盐渍土的稳定性影响最大。在修长路基中要特别注意水的影响</td></tr>
<tr><td rowspan="2">内陆盐渍区</td><td>半干旱与干旱盐渍土区</td><td>包括新疆、青海、甘肃、内蒙、宁夏、陕西、河北、河南、山东、辽宁、吉林、黑龙江等省（区）荒漠、半荒漠地区和部分草原、森林草原地区，其界限大致为0.05 < 湿润系数K < 0.75。盐渍土常再现某些河道附近与平原低洼地带，以及一些灌渠附近。这一地区面积最大，盐渍化类型多种多样，盐渍化程度相差悬殊，气候、地质条件也各不相同，因此，水对这一地区盐渍土稳定性的影响也有很大的差别。在修筑路基中要特别关注水对路基稳定性的不同影响</td></tr>
<tr><td>过干盐渍土区</td><td>包括新疆、青海、甘肃、内蒙等省（区）中最干旱的一些荒漠地区，主要有塔里木盆地、柴达木盆地、阿拉善荒漠等。界限大致确定为：年降水量小于100mm及其他地区少见的硝酸盐和硼酸盐。因气候非常干燥，水对盐渍土的稳定性影响最小。在一定条件下，可利用盐渍土和岩盐修筑路基或铺筑低、中级路面</td></tr>
</table>

2. 盐渍土分类

盐渍土的分类见表5-4。

盐 渍 土 分 类 表5-4

依 据	名 称	说 明
按形成条件	盐土	是指以含有氯盐及硫酸盐为主的盐渍土。往往是地下水位很高时，水中盐分由于毛细管作用，经过蒸发而聚集在土的表层。海水浸渍也能形成盐土。在草原和荒漠中的洼地，由于带有盐分的水流入，经过蒸发而形成盐土
	碱土	是由盐土因地下水位降低而形成或由地表水的渗入多于土中水的蒸发时形成。其特点是在表土层中含有少量的碳酸钠和重碳酸钠，不含或仅含微量的其他易溶盐类，黏土胶体部分为吸附性钠离子所饱和。碱土常具有明显的层次，表层为层状结构的淋溶层，下层为柱状结构的沉淀层。在深度40～60m土层内含易溶盐最多，同时也聚积有碳酸钙和石膏
	胶碱土（龟裂黏土）	生成于荒漠或半荒漠的地形低洼处，大部分是黏性土或粉性土，表面平坦，不长植物。干燥时非常坚硬，干裂成多角形。潮湿时立即膨胀，裂缝挤紧，成为不透水层，非常泥泞。胶碱土的整个剖面内易溶盐的含量较少，盐类被淋溶至0.5m以下的地层内，而表面往往含有吸附性的钠离子

3. 盐渍土路基的主要病害

盐渍土路基的主要病害见表5-5。

盐渍土路基主要病害　　表5-5

序　　号	病害名称	说　　明
1	湿(溶)陷	主要是氯化物盐渍土,其次是硫酸盐渍土,浸水后土中盐分溶解,可形成雨沟、洞穴,甚至湿陷、坍陷等
2	盐胀	硫酸盐渍土盐胀作用强烈。在冷季,土基内的盐胀,可导致路面不平、鼓胀、开裂,是盐渍地区高等级公路最突出的病害。路基边坡及路肩表层在昼夜温度变化所引起的盐胀反复作用下,变得疏松、多孔,易遭风蚀,并易陷车
3	冻胀	氯盐渍土,当含盐量在一定范围内时,由于冰点降低、水分聚流时间加长,可加重冻胀;但含盐量更多时,由于冰点降低多,路基将不冻结或减少冻结,从而不产生冻胀或只产生轻冻胀。硫酸盐渍土对冻胀具有和氯盐渍土类似的作用,但冰点降低不如氯盐渍土多,影响不如氯盐渍土显著。碳酸盐渍土由于其透水性差,可减轻冻胀
4	翻浆	氯盐渍土,当含盐量在一定范围内时,不仅可加重冻胀,也可加重翻浆。当含盐量更多时,也因不冻结或减少冻结而不翻浆或减轻翻浆。硫酸盐渍土,在降低冰点方面,其作用和氯盐渍土类似,可加重翻浆,但不如氯盐渍土显著。春融时,结晶硫酸钠脱水可引起加重翻浆的作用

4. 盐渍土地区路基施工

1)施工季节的选择及施工程序安排

在盐渍土地区筑路,应尽可能地考虑当地盐渍土的水盐状态特点,力求在土的含水率接近于最佳含水率的时期不发生冻结,也不在积水季节进行施工,根据这一原则,一般认为:当地下水位高,对黏性土的盐土地区,以夏季施工为宜;对砂性土的盐土地区,以春季和夏初施工为宜;强盐渍土地区,应在表层含盐量降低的春季施工为宜;对于不冻结的土,可以考虑冬季施工。

盐渍土路基要分段一次做完。自基底清除过盐土开始,要连续施工,一次做到路堤的设计高程,不可间断。在设置隔离层的地段,至少也要一次做到隔离层的顶部,以避免路基的再盐渍化和形成新的盐壳。

2)基底(包括护坡道)处理

盐渍土路基基底的处理应视含盐率、含水率及地下水位而定。

从含盐量方面看,由于一般盐渍土地区的含盐量往往表层最大,故当路堤底部表层盐渍土含有过量盐分(含盐量大于8%)、或表土松软有盐壳时,应在填筑前,将路堤基底与取土坑范围内的表层过盐渍土铲除,铲除深度应根据土的试验资料决定,一般为0.1~0.3m。如路堤高度小于1.0m时,除将基底含盐量较重的表土挖除外,应换填渗水性土,其厚度高速公路、一级公路不应小于1.0m,其他公路不应小于0.8m。

当路堤高度小于表5-6的规定时,除应将基底土挖除外,并应按设计要求换填透水性较好的土。

盐渍土地区路堤最小高度　　表5-6

土质类别	高出地面(m)		高出地下水位或地青长期积水位(m)	
	弱、中盐渍土	强、过盐渍土	弱、中盐渍土	强、过盐渍土
砾类土	0.4	0.6	1.0	1.1
砂类土	0.6	1.0	1.3	1.4

续上表

土质类别	高出地面(m)		高出地下水位或地青长期积水位(m)	
	弱、中盐渍土	强、过盐渍土	弱、中盐渍土	强、过盐渍土
黏性土	1.0	1.3	1.8	2.0
粉性土	1.3	1.5	2.1	2.3

注:①二级公路最小高度可为表中数值的1.2~1.5倍;

②一级公路、高速公路最小高度可为青中数值的2倍。

从含水率及地下水位方面看,当含水率超过液限的土层在1.0m以内时,必须全部换填渗水性;如含水率界于液限和塑限之间时,应铺0.1~0.3m的渗水性土后,再填黏性土;如含水率在塑限以下时,可直接填筑黏性土。当清除软弱土体达到地下水位以下时,则应铺填渗水性土,并应高出地下水位0.3m以上,再填黏性土。在修建高级路面或次高级路面的地段,除路床填料符合规定要求外,还应在路堤下部设置封闭隔水层(材料如沥青砂、防渗薄膜、聚丙烯薄膜编织布等)以隔断地下水的上升。

基底的换填作业还有一定的要求。清(铲)除表层后地表应做成由路基中心向两侧约2%的横坡,整平压实,沿横坡均匀铺平,以利排水,铲除的表层过盐渍土应堆置在较远处,最好堆置在低处,以免水流浸渍后,又流回到路基范围内。

3)路基填料

在盐渍土地区施工时,路基填料应符合下列要求。

(1)路基填料的含盐量不得超过表5-7的规定,不得夹有盐块和其他杂物。

盐渍土地区路基填料容许含盐量 表5-7

路在等级	填料容许含盐量(以质量百分数计)		
	氯盐渍土及亚氯盐渍土	硫酸盐渍土及亚硫酸盐渍土	硫酸盐渍土
次高级路面	≤8	≤2	≤0.5
高级路面	≤5	≤1	≤0.5

(2)路堤填筑的具体位置对盐渍土的要求见表5-8所示。

(3)在内陆盆地干旱地区,如当地无其他适用的填料,需用易溶盐含量超过规定值的土、砾等作填料时,应根据当地气候、水文地质等条件,通过试验决定填筑措施。

盐渍土地区路堤填料的可用性 表5-8

公路等级		高速、一级公路			二级公路			三、四级公路	
填土层位 / 土类及盐渍化程度		0~80cm	80~150cm	150cm以下	0~80cm	80~150cm	150cm以下	0~80cm	80~150cm
细粒土	弱盐渍土	×	○	○	□1	○	○	○	○
	中盐渍土	×	×	○	□1	○	○	□3	○
	强盐渍土	×	×	□1	×	□2	□3	×	□1
	过盐渍土	×	×	×	×	×	□1	×	□2

续上表

公路等级		高速、一级公路			二级公路			三、四级公路	
填土层位 / 土类及盐渍化程度		0 ~ 80cm	80 ~ 150 cm	150cm 以下	0 ~ 80 cm	80 ~ 150 cm	150cm 以下	0 ~ 80 cm	80 ~ 150 cm
细粒土	弱盐渍土	×	□1	○	□1	○	○	□1	○
	中盐渍土	×	×	□1	×	□1	○	×	□4
	强盐渍土	×	×	×	×	×	□2	×	□2
	过盐渍土	×	×	×	×	×	□2	×	×

注:表中○——可用;

×——不可用;

□——部分可用:

□1——氯盐渍土及亚氯盐渍土可用;

□2——强烈干旱地区的氯盐渍土及亚氯盐渍土经过论证可用;

□3——粉土质(砂)、黏土质(砂)不可用;

□4——水文地质条件差时的硫酸盐渍土及亚氯盐渍土不可用。

强烈干旱地区的盐渍土经过论证酌情选用。

(4)对填料的含盐量及其均匀性应加强施工控制检测,路床以下每 1 000m^3 填料、路床部分每 500m^3 填料应至少做一组测试,每组取 3 个土样,取土不足上列数量时,亦应做一组试件。

(5)用石膏土作填料时,应先破坏其蜂窝状结构。石膏含量一般不予限制,但应控制压实度。

4)路基压实及含水率控制

(1)为了防止盐分的转移和保证路基的稳定,盐渍土路基的压实度应尽可能地提高一些。要求达到重型压实标准。

(2)路基应分层压实,每层填土厚度,对黏性土不得大于 20cm;对砂性土不得大于 30cm。

(3)碾压时应严格控制含水率,不应大于最佳含水率 1 个百分点。在干旱缺水地区,对路基填土可采用加大压实功能的办法进行压实,并应设法(如远运)洒水,使路基表层 20cm 厚的土层在碾压时为最佳含水率,至少应达到最佳含水率的 60% ~70% 以上。

(4)当填土含水率过大时,施工中除按设计挖好该地区排水沟外,可在取土坑附近挖临时排水沟,以截断地表水和降低地下水位。此外也可延长施工段落,在取土坑内分层挖土,分段填土暴晒,分段夯压。

5)路基排水

盐渍土地区路基排水是一项关键性的工作。如排水不畅,势必会因积水使土质发生变化,造成路基病害。因此,在施工中应及时合理地布置好地表排水系统,防止路基及其附近积水。

当路基一侧或两侧有取土坑时,可利用取土坑进行横向与纵向排水。取土坑的坑底离最高地下水位不应小于 0.15 ~0.20m。底部应向路堤外有 2% ~3% 的排水横坡和不小于 0.2% 的纵坡,在排水困难地段或取土坑有被水淹没可能的地段,应在路基一侧或两侧取土坑外设置高 0.4 ~0.5m、顶宽 1m 的纵向护堤。

当路基两侧无取土坑时，应设置纵向排水沟，并根据当地的地形、地势设置必要的横向扫水沟，两排水沟的间距不宜大于300~500m，长度不超过2km。

当地下水位高时，除挡导表面水外，应加深两侧边沟或排水沟，以降低路基下的地下水位。

盐渍土地区的地下排水管与地面排水沟渠必须采取防渗措施。盐渍土地区一般不宜设置盲沟、渗沟排除地下水，因为盐分的沉淀易使盲沟失效，且地面排水系统不宜与地下排水系统合并设置，以免造成地下水位的升高，影响路基稳定。

6）路基毛细水隔断层的设置

路基修筑在强盐渍化细颗粒黏土（黏性土、粉性土）地区，路基边缘至地下水位高度又不可能达到设计规定，而采用提高路堤或降低地下水位的措施又不经济或不可能时，可在路基边缘以下0.4~0.6m处（或路基底部）的整个路基宽度上设置毛细隔断层。隔断层的材料可以卵石、碎石或其他粒径约5~50mm的砂砾，隔断层厚度在0.15~0.3m，并在上、下面各铺设一层5~10cm厚粗砂或石屑作为反滤层，以防止隔断层失效。

7）路基高度

（1）路基边缘高出地面的最小高度。在过干旱与干旱、半干旱地区，排除地面水困难的情况下，强盐渍土与过盐渍土的路基边缘高出地面的最小高度可参考表5-4-4。

（2）路基边缘高出地下水位的最小高度。在干旱与半干旱地区，盐渍土路基高出地下水位的最小高度可参考表5-4-4。

根据有关地区的经验，碱土地段路基填土高度可比非盐渍土地段适当降低；在过干地区深度饱和的地下盐水地段，路基填土高度可比低矿化度或淡水的地下水情况适当降低。

8）路基边坡与路肩的处理

（1）边坡坡度。盐渍土路堤的边坡值，没有水浸时，可按表5-9采用；有水浸时可按表5-10采用。

没有水浸时的边坡值 表5-9

路堤填土高度（m）	边 坡 值
小于1.5	1:1.5
大于1.5	1:2.0

有水浸时的边坡值 表5-10

浸水程度	填细粒土	填粗粒土	备 注
短期浸水	1:2~1:1.3	1:1.75~1:1.2	当流水速度引起冲刷时，边坡应加防护
长期浸水	不可用	1:2~1:1.3	

（2）边坡及路肩加固。对于强盐渍土，无论其路基结构如何，边坡及路肩都必须进行加固，当路基容易遭受雨水冲刷、淋溶和松胀时，为保证路基有效宽度，对强盐渍土及过盐渍土的路基宽度，应较标准路基宽度增加0.5~1.0m。

对硫酸盐渍土路基的边坡，根据需要与可能，宜采用卵石、砾石、黏土或盐壳平铺在路堤边坡上，用以防止边坡疏松、风蚀等破坏。对长期浸水地段，还需在高出水位以上0.5m做护坡道，并予以防护。

在过盐渍土地区，对路肩的加固，可用粗粒渗水材料掺在当地土内封闭路肩表层，也可用沥青材料封闭路肩或用15cm的盐壳加固。

工作任务5.5　多年冻土及季节性冻土地区路基施工

学习目标

1. 叙述冻土的特点、分布、常用的工程处理措施；
2. 知道冻土路基的特点与工程危害，处理方案的适用条件和施工工艺；
3. 分析冻土的力学指标，选择合适的处理措施；
4. 根据公路路基施工技术规范完成冻土路基处理施工技术作业；
5. 正确完成给定的具体冻土公路路基工程，选择适当的处理措施，编制施工工艺流程。

任务描述

通过完成本任务，要明确冻土地区公路路基常采用的处理措施及其相应的适用条件。针对具体的冻土路基实例，应能提出切实可行的处理方案，编制出相应的施工工艺流程和施工注意事项。

学习引导

本工作任务沿着以下脉络进行学习：

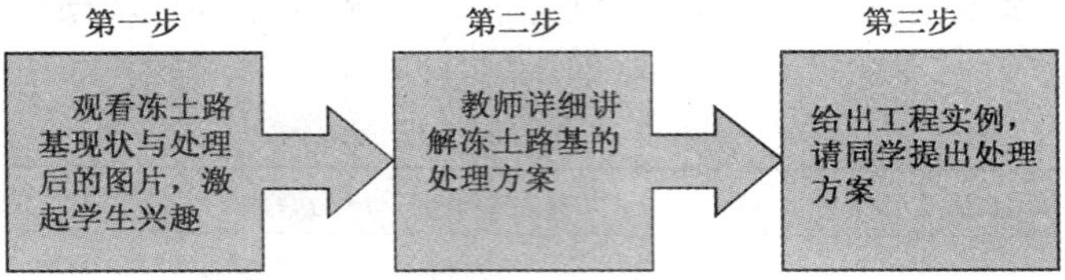

一、多年冻土地区路基施工

1. 多年冻土的定义及特性

凡温度为负温或0℃，并含有冰且与土颗粒呈胶结状态的土均称为冻土，见图5-14。如果土中只有负温度而不含冰时则称为寒土。冬季冻结、夏季全部融化的土层称为季节冻土，季节冻结层又称季节作用层、活动层。冬季冻，一二年内不融化的土层称为隔年冻层。冻结状态持续3年以上的土层称为多年冻土。

季节冻土地区的表层土夏季融化，冬季冻结。根据其与下伏多年冻土的关系又可分为：季节冻结层——夏季融化，冬季冻结时不与多年冻土层衔接或其下为融土层；季节融化层——夏季融化，冬季冻结时与多年冻土完全衔接的土层。不衔接多年冻土属于前者；衔接多年冻土属于后者。

1）多年冻土上限、下限及冻土厚度

在多年冻土地区，地表以下的一定深度内，每年夏季融化，冬季冻结，该层称为季节融化层。在该深度以下的土则终年处于冻结状态，称为多年冻土。这一深度称为季节融化层底板或多年冻土上限。从地表到达这一深度的距离即为季节融化层厚度或多年冻土上限的埋深。

图 5-14　冻土

多年冻土层的底部称作多年冻土下限。下限处的地温值为 0℃。下限以上为多年冻土，以下为融土。上限和下限之间的距离称为多年冻土厚度。

多年冻土厚度是多年冻土的重要标志之一，它反映着冻土的发育程度。冻土层的厚度对评价建筑物地基稳定性有着重要意义，是进行各类型建筑地层基础设计不可缺少的依据。多年冻土薄的在 10m 以下，最厚的多年冻土在大小兴安岭可超过 100m。

2）多年冻土分类

多年冻土按含冰量分类，可分为少冰冻土、多冰冻土、富冰凉土、饱冰冻土和含土冰层五类。

3）多年冻土上限的类别及用途

多年冻土上限有天然上限和人为上限两种。

天然状态的多年冻土上限为其天然上限。因受人类活动影响改变了地温与气温的热交换条件，破坏了天然条件下的热平衡状态导致多年冻土上限发生变化，变化后的多年冻土上限即为其人为上限。

多年冻土人为上限决定了多年冻土融化下沉计算的下部界限；而天然上限往往是厚层地下冰的埋藏深度。在建筑物地基的融沉计算中应包括融沉和压密下沉两部分。

2. 多年冻土地区的不良地质现象

多年冻土地区的不良地质对公路建设会产生多种病害。因此，有必要了解冻土地区不良地质现象的形成和发展，以便采取防护措施。

多年冻土地区之所以会形成不良地质现象，在于多年冻土地区不仅气候严寒，而且还有多年冻土层作为底板使地表水的下渗和多年冻土层上水的活动受到约束，这是冻土地区不良地质现象发生和存在的基本条件。

多年冻土地区的不良地质现象主要有冰丘、冰锥、地下冰和冻土沼泽等。

3. 多年冻土地区公路路基的主要病害

1）融沉

融沉多发生在含冰量大的黏质土地段。当路基基底的多年冻土上部或路堑边坡上分布有较厚的地下冰层时，由于地下冰层埋藏较浅，在施工及使用过程中，因原来的自然环境条件发生变化，使多年冻土局部融化，上覆土层在土体自重力及外力的作用下产生沉陷，造成路基变形。融沉主要表现在路堤向阳侧路肩及边坡开裂、下滑，路堑边坡溜坍等，见图 5-15。

融沉现象一般以较慢的速度下沉，但有时也会经过一段时间的慢速下沉后，有时突发大量的沉陷，并使两侧部分地基土隆起。产生的原因是路基基底由于含冰量大的黏质土融化后处于过饱和状态，几乎没有承载能力，又因路堤两侧融化深度不同，使得基底形成一个倾斜的冻结滑动面。在外荷载的作用下，过饱和的黏质土顺着冻结面挤出，路堤瞬间产生大幅度的沉陷，通常称为突陷。这样的突陷危及行车的安全。

2)冻胀

冻胀多发生在季节冻结深度较大的地区及多年冻土地区，多年冻土地区较严重。发生的原因是地基土及填土中的水冻结时体积膨胀所致。水分的来源是地表水或地下水对路基土的浸湿。冻胀的程度与土质及土中的含水率高低有关。

3)冰害

冰害主要是指在路堤上方出露地表的泉水，或开挖路堑后地下水自边坡流出，在隆冬季节随流随冻，形成积冰掩埋路基或边坡挂冰，堑内积冰等病害，见图5-16。

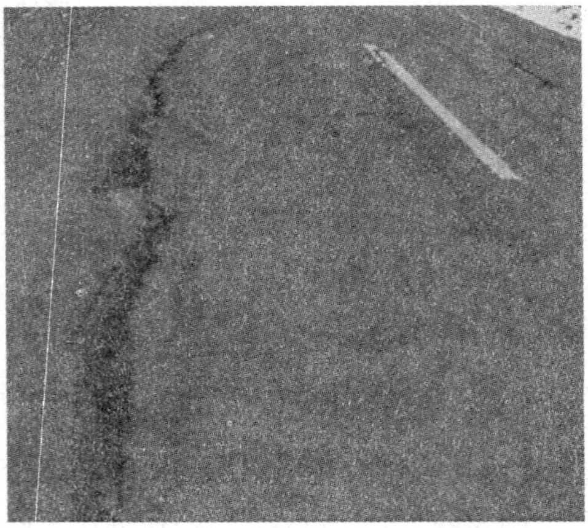

图5-15　路基融沉开裂

图5-16　路基冰害

冰害在严寒的多年冻土地区尤为严重。对路基工程来说，路堑地段较路堤地段冰害要多，尤其发生在浅层地下水发育的低填浅挖及零填挖地段的冰害，危害程度更大。

4. 多年冻土地区路基施工

1)资料收集

多年冻土地区有关资料的收集，是路基施工前的一项关键性工作。只有对多年冻土地区气象资料、地质资料及冻土的物理力学性质资料等了解清楚，在施工中进行综合考虑，采用切实可行的技术措施，才能确保工程质量。

2)路堤

(1)路堤最小填土高度：

保护多年冻土上限不下降的最小高度 H_1：

$$H_1 = H_d - H_0$$

式中：H_1——从天然地面算起的填土高度，m；若其数值小于见表5-11所列数值时，则采用表中数值；

H_d——保温厚度；

H_0——将上限深度换算成保温材料时的当量厚度。

H_1 的 厚 度 表5-11

地区 \ 路面类型	H_1(m)	
	白色路面	黑色路面
青藏高原多年冻土地区	0.5	0.9
兴安岭多年冻土地区	1.0	1.4

防治翻浆和冻胀的最小填土高度 H_2 可根据当地已有的公路调查资料确定。

按保护多年冻土的原则施工路基时，路堤最小填土高度应同时满足 H_1 与 H_2 的要求。

当路堤高度达不到 H_1 的要求时，冻土上限可能下降，路基基底则应进行调整。

(2)饱冰冻土及含土冰层地段路堤。当全用粗颗粒土填筑路堤，其填土高度不能满足 H_1 的要求时，可在路堤下部换填一层细颗粒土，细颗粒土的厚度一般不小于1.0m，以便使核算的填土高度大于或等于最小填土高度 H_1。

当路堤高度小于最小填土高度 H_1 时，基底的饱冰冻土或含冰层则需进行部分或全部换填。当饱冰冻土层或含土冰层较厚，全部换填有困难且不经济时，则可作部分换填。换填后的路堤换算高度仍应满足 H_1 的要求。换填材料，应选用保温、隔水性能均较好的细颗粒土，并注意做好地表排水工程。

(3)冻土沼泽地段路堤。不论基底地质条件如何，首先应根据水源特点及补给情况，在路堤一侧或两侧设置排水沟或挡水埝，将上游水源截断，必要时增设桥涵，排除地表积水。修建在塔头草泥沼地段的路堤，应自路堤坡脚20m以外，挖取塔头草，反铺在基底塔头朝空隙间，并加以夯实，使其成为良好的基底隔温层。路堤填土后塔头草垫层受压下降，因此在反铺塔头草时，基底的中间部分可以适当加高0.2m，并且向两侧坡脚做成拱形，反铺塔头草的宽度，应伸出路堤脚外1～2m。

当采用细颗粒土填筑路堤时，在排水困难的低洼地或沼泽地段，应采取防止路基冻胀、翻浆的措施。一般可在路堤底部填筑毛细水隔断层，其厚度以在路堤沉落后尚未高出地面以下0.5m为宜。为防止隔断层受污染、阻塞面失效，其上应加铺反滤层(草皮、碎石或砂)。

3)路堑

(1)饱冰冻土及含冰土层地段的路堑。在饱冰冻土及含冰土层地段挖方，由于土中含冰量大，季节融化后或上限下降均会使基底处于过湿软弱状态，同时出现严重沉陷。在这类地段一般多采用部分或全部换填的措施，坡面亦应采取保温及其他措施。

(2)富冰冻土地段的路堑。细粒土中的路堑，当融化后不致造成边坡滑坍和基底松软时，可按一般路堑考虑。但由于细粒土在季节融化层中的湿度较大，为防止基底冻胀、翻浆，基底应换填渗水性土，换土厚度一般不小于0.5m。

5.多年冻土地区路基施工注意事项

(1)施工前应该查沿线冻土分布、类型、冻土上下限、冰层上限、地面水、地下水以及有无其他如热融(湖、塘)、冰丘、冰锥等不良地质地段。

(2)施工必须严格遵循保护冻土的原则，使路基施工后仍处于热学稳定状态。路基原则上均应采取路堤型式，尤其在冰厚发育地段，并尽可能避免零填或浅挖断面，以免造成严重热融沉陷等病害。弱融沉或不融沉的多年冻土地区，路基施工可按融化原则进行。

(3)路基排水与加固除满足水力和土力条件外，还应考虑由于施工因素如排水系统修筑等引起的热力变化，不导致多年冻土层上限的下降。

(4)填方路基施工应符合以下要求：

①排水。当路基位于永久冻土的富冰冻土、饱冰冻土或含土冰层地段时，必须保持路基及周围的冻土处于冻结状态。排水系统与路基坡脚应保持足够距离。高含冰量冻土集中地段，严禁坡脚滞水，路侧积水，边坡应及时铺填草皮。

在少冰与多冰冻土地段，也应避免施工时破坏土基热流平衡。排水沟与坡脚距离不应小于2m；沼泽湿地地段不应小于8m。饱冰冻土及含土冰层地段，应避免修建排水沟和截水沟，宜修建挡水埝，距坡脚不应小于6m，若修建排水沟则不应小于10m。

②基底处理。填方基底为含冰过多的细粒土，且地下冰层不厚时，可挖除并用渗水性土回填压实，再填路基。

当基底为排水困难的低洼沼泽地段时，其底部应设置毛细水隔离层。其厚度宜在路堤沉落后至少高出水面0.5m，并在其上铺设反滤层。泥沼地段路堤基底生长塔头草时，可利用其作隔温层。上述地段路堤应预加沉落度，并在修筑路面结构之前，路基沉降基本趋于稳定。

③路基高度。路基高度应达到防止翻浆与不超过路基冻胀值要求的最小填土高度。按保持冻结原则施工的路段，应同时满足冻土上限不下降的要求。

④取土。宜设置集中取土场。富冰冻土、饱冰冻土及含土冰层路段，确需就近解决部分土源时，应在路基坡脚10m以外取土。斜坡地表路堤，取土坑应设在上坡一侧。取土坑深度均不得超过当地多年冻土上限以上土层厚度的80%，坑底应有坡度，积水应有出口，水能及时排出；同时取土坑的外露面，宜用草皮铺填。

⑤填料。填料应选用保温隔水性能均较好的细粒土。采用黏质土或透水性不良土填筑路堤时，要控制土的湿度，碾压时含水率不能超过最佳含水率的±2%。不得用冻土块或草皮层及沼泽地含草根的湿土填筑路基。通过融湖(塘)路堤，水下部分必须用渗水性良好的土填筑，并应高出最高水位0.5m。

⑥压实。压实检查应采用重型击实标准。成型后路床强度府符合设计要求，用不小于20t的压路机或等效碾压机械进行碾压2~3遍，无轮迹和软弹现象。

⑦侧向保护。靠近基底部位有饱冰冻上层且有可能融化时，宜设保温护道和扩脚。保温材料宜就地取材。用草皮时，草根应向上一层一层叠铺，最外一层应带泥，以便拍实形成保护层。沿线两侧20m内植被和原生地貌应严加保护。

(5)挖方路基施工应符合以下要求：

①排水。挖方路基地下水发育地段，路基边沟均应有防渗措施。路堑坡顶避免设置截水沟或排水沟，宜修挡水埝并与坡顶距离不小于6m，或必须修排水沟或截水沟，距挡水埝外距离不应小于4m。

②土质边坡加固铺砌厚度应满足保温层要求。如用草皮铺砌，应水平叠砌，错缝嵌紧，缝隙用黏土或草皮填塞严密，连成整体。草皮要及时铺填。

③饱冰冻土、含土冰层地段路堑，为防止开挖后基底冻胀翻浆，可根据需要换填足够厚度的渗水性土。

二、季节性冻融翻浆地区路基施工

季节性冻融地区的路基在冰冻过程中，土中的水分不断地向上移动，使路基上部的水分含量大大增加。春融期间，由于土基含水率过多，强度急剧降低，再加上行车的作用，路面会发生弹簧、裂缝、鼓包、冒泥等现象，形成翻浆，见图 5-17。主要发生在我国北方各省及南方的季节性冰冻地区。

图 5-17　路基冻融翻浆破坏

翻浆的发生，不仅会破坏路面，妨碍行车，严重的还会中断交通。因此，在翻浆地区修筑公路，对水文及水文地质不良地段，要注意详细调查沿线地面水、地下水、路基土和筑路材料的情况，以便采取相应的处理措施。

1. 翻浆发生的过程及其影响因素

1）翻浆发生的过程

秋季，是路基水的聚积时期。由于降水和灌溉的影响，地面水下渗，地下水位升高，使路基水分增多。

冬季，气温下降，路基上层的土开始冻结，路基下部土温仍较高。水分在土体内，由温度较高处向温度低处移动，使路基上层水分增多，并冻结成冰，使路面冻裂或隆起，发生冻胀。

春季（有的地区延至夏季），气温逐渐回升，路基上层的土首先融化，土基强度很快降低，以致失去承载能力，在行车作用下形成翻浆。

春季以后天气渐暖，蒸发量增大，冻层化透，路基上层水分下渗，土变干，土基强度又逐渐恢复，这就是翻浆发展的全过程，见图 5-18。

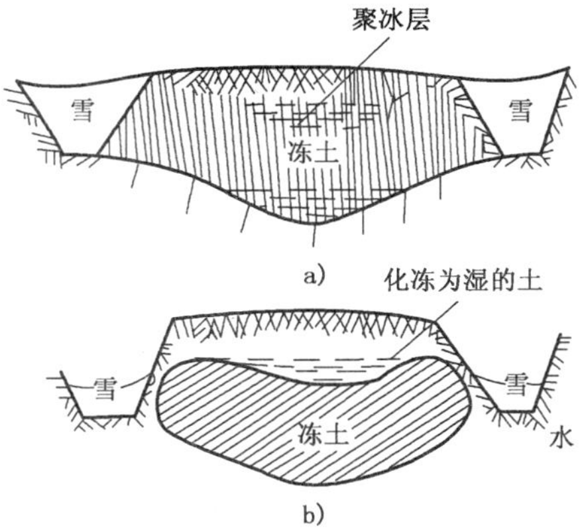

图 5-18　路基土壤冻融过程

a）冻结时；b）化冻时

2）影响翻浆的因素

影响公路翻浆的主要因素有土质、温度、水、路面与行车荷载等，其中土质、密度、水是形成翻浆的三个自然因素，三者同时作用，才能形成翻浆。

（1）土质。粉性土是最容易翻浆的土，这种土的毛细水上升较高且快，在负温作用下水分聚流严重，而且土中水分增多时强度降低很快，容易丧失稳定。黏性土毛细水上升虽高，但上升速度慢。因此，只有在水源供给充足，并且在土基冻结速度缓慢的情况下，才能形成比较严重的翻浆。粉性土和黏性土含有大量腐殖质和易溶盐时，则更易形成翻浆。砂土在一般情况下都不会发生翻浆，这种土毛细水上升高度小，在冻结过程中水分聚流现象很轻，同时，这种土即使含有大量水分，也能保持一定的强度。

（2）温度。一定的冻结深度和一定的冷量（冬季各月负气温的总和）是形成翻浆的重要条件。在同样的冻结深度和冷量的条件下，冬季负气温作用的特点和冻结速度的大小对形成翻浆的影响也是很大的。除此之外，春天气温的特点和化冻速度对翻浆也是有影响的。

（3）水。翻浆的过程中，就是水在路基土中转移、变化的过程。路基附近的地表积水及较浅的地下水，能提供充足的水源，是形成翻浆的重要条件。秋雨及灌溉会使路基土的含水率增加，使地下水位升高，所以也会导致翻浆的发生。

（4）路面。公路翻浆是通过路面的变形破坏而表现出来，并按路面的变形破坏程度来划分等级的。因此，翻浆和路面是密切相关的。路面结构对翻浆也有一定的影响。

（5）行车荷载。公路翻浆是通过行车荷载的作用，最后形成和暴露出来的。当其他条件相同时，在翻浆季节，交通量越大，车辆越重，则翻浆也会越多，越严重。

2. 翻浆防治措施

（1）防止地面水、地下水或其他水分在冻结前或冻结过程中进入路基上部。例如，在路基中设置隔离层，做好路基排水，提高路基等。

（2）在化冻时期，可以将聚冰层中的水分及时排除或暂时蓄积在渗水性好的路面结构层中，如设置排水或蓄水砂（砾）垫层等。

（3）加强路面，改善土基。如采用石灰土、煤渣石灰土结构层或路基换土填土措施。

（4）在有些情况下，用一种处理措施，往往不能达到预想效果或不够经济合理，可采用两种或两种以上综合外理措施。

3. 季节性冻融翻浆路基施工要点

1）排水

在施工前应认真了解地形及水文地质情况，凡是可能危害路基强度稳定性的地面水和地下水，均应采取有效的临时性或永久性措施，使水能迅速排出路基之外。路床面应保持良好的排水状态。从路堑到路堤必须修建过渡边沟并无阻塞现象。各层填土应有路拱，表面无积水。施工时，各式沟、管、井、涵等能形成完整有效的排水系统。

2）路堤

（1）原地面处理。水文地质不良和湿软地段，可视情况在地表铺填厚度不小于30cm的砂砾，或做局部挖除换填处理。

当路堤高度低于20cm时（包括挖方土质路段）应翻松30～50cm，并分层压实，其压实度为93%～95%，高速公路、一级公路取高限，其他公路取低限。

（2）填料。宜选用水稳性良好的土填筑路基。路基上部受冰冻影响部位，应选用水稳性和冻稳性均较好的粗粒土。冻土、非渗水性过湿土、腐殖土禁止用于填筑各层路堤。压实时的含水率应控制在最佳含水率±2%范围内。

（3）取土场。宜设置集中取土场，排水困难地段更宜集中取土。

（4）碾压。各层表面碾压前应用平地机进行整平和修整路拱，切实控制松铺厚度以及填料的均匀性。压实后各层表面的平整度，用3m直尺测量，其间隙高度不宜大于20mm；形成后路床顶面应进行弯沉检查或用不小于20t的压路机碾压检验有无软弹现象。

（5）路堤高度。应满足路基能全年处于干燥或中湿状态。修低路堤时，应根据具体情况采取相应技术措施。

（6）为使路基预拱度和稳定性满足设计要求，施工中各类冻融翻浆防治方法可综合选用。

3)路堑

(1)石方段超挖回填部位应选用符合要求的石渣,压实度不得低于95%,禁止使用劣质开山料或覆盖土回填或找平。超挖部分不规则或超挖不超过8cm时,可用混凝土修补找平。整平层宜采用级配碎石或水泥稳定碎石、二灰稳定碎石类等半刚性材料。

(2)土质路或遇水崩解软化的风化泥质页岩等类路堑的路床压实度如不符合规定要求时,应翻松压实或根据土质情况,换填符合路床强度并满足压实度要求的足够厚度的土,然后加强排水措施,如封闭路肩、浆砌边沟等。

(3)有裂隙水、层间水、潜水层、泉眼等路段,应分别采取切断、拦截等措施,如加深边沟和设置渗沟、渗管、渗井等。

工作任务5.6　多雨潮湿地区路基施工

学习目标

1. 叙述多雨潮湿地区土的特点、分布、常用的工程处理措施;
2. 知道多雨潮湿地区土路基的特点与工程危害,处理方案的适用条件和施工工艺;
3. 分析多雨潮湿地区土的力学指标,选择合适的处理措施;
4. 根据公路路基施工技术规范完成多雨潮湿地区土路基处理施工技术作业;
5. 正确完成给定的具体多雨潮湿地区土公路路基工程,选择适当的处理措施,编制施工工艺流程。

任务描述

通过完成本任务,要明确多雨潮湿地区土地区公路路基常采用的处理措施及其相应的适用条件。针对具体的多雨潮湿地区土路基实例,应能提出切实可行的处理方案,编制出相应的施工工艺流程和施工注意事项。

学习引导

本工作任务沿着以下脉络进行学习:

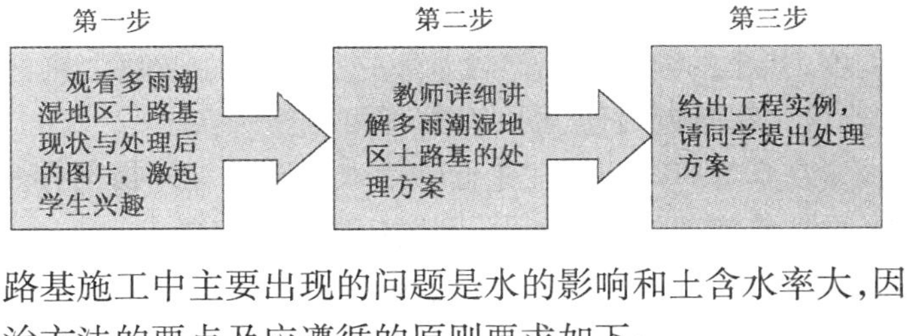

多雨潮湿地区路基施工中主要出现的问题是水的影响和土含水率大,因此,多雨潮湿地区路基施工和相关处治方法的要点及应遵循的原则要求如下:

(1)路基施工时,应特别注意排水。机具停放地、库房、生活区域,都必须选在地势较高不易被水淹的地点,并要求有可靠的排水防洪设施,预防洪水造成危害。

(2)开工前的场地准备工作应特别注意排除地面水。低洼地带沿用地两边应开挖大断面的纵向排水沟并引向出水口,在纵向排水沟之间应挖掘横向排水沟并互相贯通疏干地表,以使地面不积水。

(3)多雨潮湿地区,原地面多为含水率过大的过湿土,应按下列方法处理:

①含水率过大的潮湿土深度在2m以内时,可挖去湿土,换填适用的干土或挖方石渣、天然砂砾等,并分层压实到要求密实度。

②挖去淤泥后将土层湿土翻松耙碎掺5% ~10%的生石灰粉压实,其层厚以能达到规定压实度为准,使之成为稳定土加固层。

③当有非风化大块石可利用时,在挖去软湿土后铺筑厚50cm左右石块层,嵌填石渣后,用重型压路机碾压成型,再于其上填筑路堤。二级以下公路可采用抛填片石挤淤,整理碾压成型后填筑路堤。

④当软土深度大于2m时,应按前述的要求处理。

(4)利用潮湿土填筑路堤时,应按下列压实标准和方法进行。

①当天然稠度小于1.1、液限大于40、塑性指数大于18的黏性土用作高速公路、一级公路和二级公路上路床的填料时,应采用各种措施达到规定的压实度;上述土用作下路床及上、下路堤的填料时,当进行处治或采用重型压实机械确有困难时,可采用轻型压实机械,填料经翻拌晾晒分层压实后,压实度应符合表5-12的规定要求。

路基压实标准(轻型)　　表5-12

填挖类型		路面底面计起的深度范围(cm)	压实度(%)	
			高速、一级公路	二级及以下公路
路线	上路床	0 ~ 30	—	≥95
	下路床	30 ~ 80	≥95	≥95
	上路堤	80 ~ 150	≥95	≥90
	下路堤	>150	≥90	≥90
路型路床		0 ~ 30	—	≥95

②碾压潮湿土填筑的路堤适宜的压路机型式、规格、填层的适宜厚度、所需碾压遍数和压实度,应通过试验确定。

③碾压完成后的路段,若不立即铺筑路面,且不需维持通车时,应在路床顶面铺盖一层碾压紧密的防水黏土层或沥青封层。

④填料的天然稠度(指土的液限与天然含水率之差和塑性指数之比)为0.9 ~1.0时,宜将土摊开翻拌晾晒,当含水率接近最佳含水率时,即可碾压密实。

⑤填料的天然稠度在0.5 ~0.9时,宜在土中掺入生石灰等外掺剂拌和均匀后,分层填筑压实。潮湿黏性土经添加外掺剂处理后,其压实度应边到规定要求。

(5)多雨潮湿地区,土的含水率大,地下水位高,容易影响路基稳定,填方边坡宜采用浆砌护坡防护。二级以下公路也宜采取相应的防护措施。

(6)路堤填筑每层表面宜做成2% ~4%的横坡以利排水,当天的填土,必须当天完成压实。

(7)路堤坡脚护坡道外,应设置加大断面的石砌边沟,以降低地下水位。

复习思考题

1. 什么是软土?
2. 怎样鉴别软土路基?
3. 软土路基可能产生什么工程问题?
4. 简述换填土法的适用条件与施工流程。
5. 简述抛石挤淤法的适用条件与施工流程。
6. 什么是膨胀土?
7. 简述膨胀土路基填筑注意事项。
8. 简述膨胀土路基开挖注意事项。
9. 简述膨胀土路基碾压要求。
10. 什么是黄土?
11. 黄土的具有哪些工程特性。
12. 简述膨胀土路基施工注意事项。
13. 简述湿陷性黄土的分布范围。
14. 简述湿陷性黄土地基的处理措施。
15. 什么是盐渍土,如何对盐渍土进行分类?
16. 简述盐渍土在我国的分布范围。
17. 盐渍土路基主要的病害有哪些?
18. 简述盐渍土路基的施工要点。
19. 什么是冻土、寒土、季节冻土、多年冻土?
20. 多年冻土路基的主要病害有哪些?
21. 简述多年冻土地区路基施工注意事项。
22. 在什么情况下路基会发生翻浆?
23. 路基翻浆的影响因素有哪些?
24. 简述季节性冻融翻浆路基施工要点。
25. 多雨潮湿地区地面过湿土如何处理?
26. 路基压实标准是什么?

学习情境六

路基整修与交工验收

工作任务6.1 路基整修

学习目标

1. 叙述路基整修的目的；
2. 知道路基整修的内容与整修方法；
3. 分析路基整修的重点与适用的修整方法；
4. 根据公路路基施工技术规范完成路基整修施工技术作业；
5. 正确完成给定的具体路基工程的整修施工，达到验收标准。

任务描述

通过完成本任务，要明确路基整修的施工方法与注意事项，针对具体的路基整修实例，应能指出整修的重点，提出切实可行的整修方案，编制出相应的施工作业指导书。

学习引导

本工作任务沿着以下脉络进行学习：

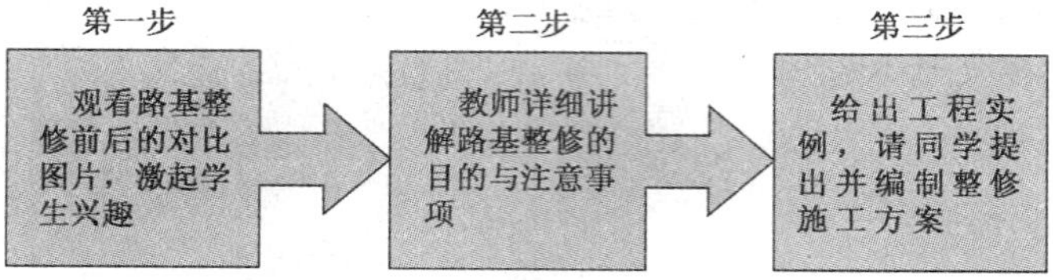

路基工程基本完成后，在交工验收前，应对外观质量和局部缺陷进行整修或处理。整修的目的是为了路基工程达到或者优于设计文件和相关规范规定的技术标准和质量标准。路基整修由施工单位会同监理单位按设计文件和施工规范要求检查路线中线、高程、宽度、边坡、防护与支挡、排水系统和临时工程等，根据检查结果制订整修计划并进行整修。整修工作应在检查结果及整修计划经监理工程师核查与批准后动工。

1. 路基顶面表层整修

一般情况下，由于路面与路基施工的不连续性，路基顶面表层在多种因素下会产生不同类型的局部质量缺陷。为保证路床与路面的整体性，防止出现“夹层”，故应有针对性的处理措施。表层的整修,应根据质量缺陷的具体情况采用合理的方案、工艺进行。

(1)土质路基表面应用人工或机械刮土或补土的方法整修,并配合压路机械碾压,补填的土层压实厚度应不小于100mm,压实后表面应平整,不得有松散、起皮现象。石质路基表面应用石屑嵌缝紧密、平整、不得有坑槽和松石。

(2)土质路基表面达到设计标高后应采用平地机或推土机刮平,铲下的土不足以填补凹陷时,应采用与路基表面相同的土填平夯实。

(3)修整的路基表层厚150mm以内,松散的或半埋的尺寸大于100mm的石块,应从路基表面层移走,并按规定填平压实。

2. 路基边坡整修

(1)深路堑土质边坡整修应按设计要求坡度,自上而下进行边坡整修,不得在边坡上以土贴补。

(2)边坡需要加固地段,应预留加固位置和厚度,使完工后的坡面与设计边坡一致。当填土不足或路堑边坡受雨水冲刷形成小冲沟时,应将原边坡挖成台阶,分层填补,仔细夯实。如填补的厚度很小(10~20cm),而又非边坡加固地段时,可用种草整修的方法,以种植土来填补,但应顺适、美观、牢靠。石质路基边坡,应达到设计要求的边坡比,坡面的松石、危石应及时清除。

(3)填方路基边坡受雨水冲刷形成冲沟或坍塌缺口时,应自下而上,分层挖台阶加宽填补夯实,再按设计坡面削坡,弯道内侧路肩边缘,应修建路肩拦水带。

(4)填土路基两侧超填的宽度应予切除,如遇边坡缺土时,必须挖成台阶,分层填补夯实。

3. 排水系统及其他整修

(1)边沟的整修应挂线进行。对各种水沟的纵坡(包括取土坑纵坡)应用仪器检测,修整到符合图纸及规范要求。各种水沟的纵坡,应按图纸及规范要求施工,不得随意用土填补。

(2)截水沟、排水沟及边沟的断面、边坡坡度,应按设计要求施工。沟的表面应整齐、光滑。填补的凹坑应拍捶密实。

(3)在路面铺筑完成后或铺筑时,应立即填筑土路肩,同时按设计要求进行加固。

(4)路基整修完毕后,堆于路基范围内的废弃土料应予清除。

(5)修整过的路基,应继续维修养护,直到缺陷责任期满为止。

工作任务6.2 交工验收

学习目标

1. 叙述交工验收的作用与目的;
2. 知道交工验收的内容与验收程序;
3. 分析交工验收可能出现的问题并提前加以补正;
4. 根据公路路基施工技术规范按时完成交工验收准备工作;
5. 正确完成给定的具体路基工程,组织验收准备工作,并编制交工验收申请书。

任务描述

通过完成本任务，要明确交工验收的作用与程序，针对具体的路基交工验收，应能组织验收准备工作，编制交工验收申请书并按程序上报。

学习引导

本工作任务沿着以下脉络进行学习：

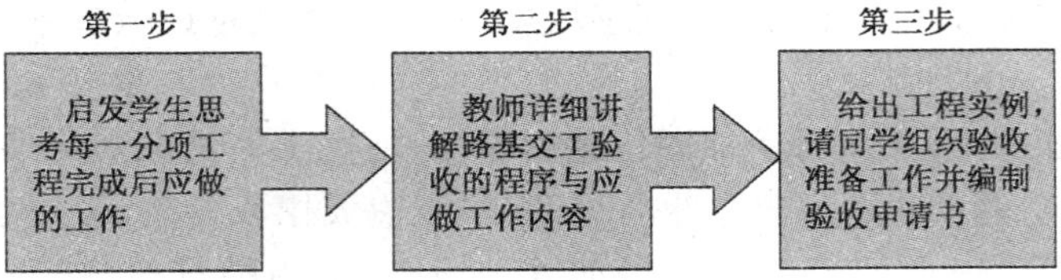

一、路基的检查与验收

(1)当每一分项工程、分部工程、单位工程完成时，应按批准的设计图纸、设计文件、技术规范的要求，对施工质量进行中间检查。中间检查验收是保证工程质量的重要环节。出现的质量事故、质量问题要按规定程序进行处理，发现的质量缺陷根据规范要求或设计要求进行返工或者相应处理。

(2)路基施工过程中如有下列情况，应进行中间检查：

①地基准备工作完成后，即在斜坡上完成台阶后(清除地面杂草、淤泥等)；

②边坡加固前，应对其加固方法、形式、填挖方边坡加固的适用性，以及边坡坡度是否适当进行检查；

③发现已完工的土方工程及竣工后的路基被地面水浸淹损坏时；

④取土坑及弃土堆超过原设计的数量时；

⑤遇意外的填土下陷及填挖方的边坡坍塌需增加土方及边坡加固工程数量时；

⑥在进行计划以外的附加土方工程(排水沟、截水沟、疏导工程等)时；

⑦遇下列隐蔽工程时，必须按照设计要求和规范的有关规定进行中间检查验收，凡不符合有关规定的项目不得进行下一道工序。

A. 路基渗沟回填土以前；

B. 填方或挖方地段，按设计规定所做的换土工作完成后；

C. 对需采取特殊措施才能保证填方稳定的路基，在地基处理后(如泉水、溶洞、地下水处理后)；

D. 路基隔离层上填土以前。

(3)各类防护加固工程基础开挖后，应检查基底地质、高程、地下水情况。

(4)交工验收前应恢复施工段内的导线点、水准点，以及验收中要求和可能需要的其他标志桩。

(5)交工验收前应按路基施工技术规范和《公路工程质量检验评定标准》(JTG F 80/1)的要求进行自检，自检合格后，编制符合要求的交工资料，申请进行交工验收。

(6)交工竣工验收时，应对下列项目进行检查、验收：

①路基的平面位置。

②路基宽度、高程、横坡和平整度。

③边坡坡度及边坡加固。

④边沟和其他排水设施的尺寸及底面纵坡。

二、土方路基施工质量验收标准

1. 基本要求

在路基用地和取土坑范围内，应清除地表植被、杂物、积水、淤泥和表土，处理坑塘，并按规范和设计要求对基底进行压实。路基填料应符合规范和设计的规定，经认真调查、试验检测后合理选用。填方路基须分层填筑压实，每层表面平整，路拱合适，排水良好。施工临时排水系统应与设计排水系统结合，避免冲刷边坡，勿使路基附近积水。在设定取土区内合理取土，不得滥开滥挖。完工后应按要求对取土坑和弃土场进行修整，保持合理的几何外形。

2. 实测项目

土方路基检测项目、土方路基允许偏差及检查方法见表6-1。

土方路基实测项目 表6-1

项次	检查项目			规定值或允许偏差			检查方法和频率	权值
				高速公路一级公路	其他公路			
					二级公路	三、四级公路		
1Δ	压实度(%)	零填及挖方(m)	0~0.30	—	—	94	按规定方法检查。密度法：每200m每压实层测4处	3
			0~0.80	≥96	≥95	—		
		填方(m)	0~0.80	≥96	≥95	≥94		
			0.80~1.50	≥94	≥94	≥93		
			>1.50	≥93	≥92	≥90		
2Δ	弯沉(0.01mm)			不大于设计要求值			按规定方法检查	3
3	纵断面高程(mm)			+10,-15	+10,-20		水准仪：每200m测4断面	2
4	中线偏位(mm)			50	100		经纬仪：每200m测4点，弯道加HY、YH两点	2
5	宽度(mm)			符合设计要求			米尺：每200m测4处	2
6	平整度(mm)			15	20		3m直尺：每200m测2处×10尺	2
7	横坡(%)			±0.3	±0.5		水准仪：每200m测4个断面	1
8	边坡			符合设计要求			尺量：每200m测4处	1

注：①表列压实度以重型击实试验法为准，评定路段内的压实度平均值下置信界限不得小于规定标准，单个测定值不得小于极值(表列规定值减5个百分点的测点)。小于表列规定值2个百分点的测点，按其数量占总检查点的百分率计算减分值。

②采用核子仪检验压实度时应进行标定试验，确认其可靠性。

③特殊干旱、特殊潮湿地区或过湿土路基，可按交通部颁发的路基设计、施工规范所规定的压实度标准进行评定。

④三级公路修筑沥青混凝土或水泥混凝土路面时，其路基压实度应采用二级公路标准。

3. 外观鉴定

(1)路基表面平整，边线直顺，曲线圆滑。不符合要求时，单向累计长度每50m减1～2分。

(2)路基边坡坡面平顺，稳定，不得亏坡，曲线圆滑。不符合要求时，单向累计长度每50m减1～2分。

(3)取土坑、弃土堆、护坡道、碎落台的位置适当，外形整齐、美观，防止水土流失。不符合要求时，每处减1～2分。

三、石方路基施工质量验收标准

1. 基本要求

(1)石方路堑的开挖宜采用光面爆破法。爆破后应及时清理险石、松石，确保边坡安全、稳定。

(2)修筑填石路堤时应进行地表清理，逐层水平填筑石块，摆放平稳，码砌边部。填筑层厚度及石块尺寸应符合设计和施工规范规定，填石空隙用石渣、石屑嵌压稳定。上、下路床填料和石料最大尺寸应符合规范规定。采用振动压路机分层碾压，压至填筑层顶面石块稳定，20t以上压路机振压两遍无明显标高差异。

(3)路基表面应整修平整。

2. 实测项目

石方路基实测项目、允许偏差及检查方法见表6-2。

石方路基实测项目 表6-2

项次	检查项目		规定值或允许偏差		检查方法和频率	权值
			高速公路 一级公路	其他公路		
1	压实		层厚和碾压遍数符合要求		查施工刻录	3
2	纵断高程(mm)		+10,-20	+10,-30	水准仪：每200m测4断面	2
3	中线偏位(mm)		50	100	经纬仪：每200m测4点，弯道加HY、YH两点	2
4	宽度(mm)		符合设计要求		米尺：每200m测4处	2
5	平整度(mm)		20	30	3m直尺：每200m测2处×10尺	1
6	横坡(%)		±0.3	±0.5	水准仪：每200m测4个断面	1
7	边坡	坡度	符合设计要求		200m抽查4处	1
		平顺度	符合设计要求			

注：土石混填路基压实度或固体体积率可根据实际可能进行检验，其他检测项目与石方路基相同。

3. 外观鉴定

(1)上边坡不得有松石。不符合要求时，每处减1～2分。

(2)路基边线直顺，曲线圆滑。不符合要求时，单向累计长度每50m减1～2分。

四、浆砌排水沟验收标准

1. 基本要求

(1)砌体砂浆配合比准确，砌缝内砂浆均匀饱满，勾缝密实。

(2)浆砌片(块)石、混凝土预制块的质量和规格应符合设计要求。

(3)基础中缩缝应与墙身缩缝对齐。

(4)砌体抹面应平整、压光、直顺,不得有裂缝、空鼓现象。

2. 实测项目

浆砌排水沟实测项目、允许偏差及检查方法见表6-3。

浆砌排水沟实测项目 表6-3

项次	检 查 项 目	规定值或允许偏差	检查方法和频率	权值
1Δ	砂浆强度(MPa)	在合格标准内	按规定检查	3
2	轴线偏位(mm)	50	经纬仪或尺量:每200m测5处	1
3	沟底高程(mm)	±15	水准仪:每200m测5点	2
4	墙面直顺度(mm)或坡度	30或符合设计要求	20m拉线、坡度尺:每200m测2处	1
5	断面尺寸(mm)	±30	尺量:每200m测2处	2
6	铺砌厚度(mm)	不小于设计	尺量:每200m测2处	1
7	基础垫层宽、厚(mm)	不小于设计	尺量:每200m测2处	1

3. 外观鉴定

(1)砌体内侧及沟底应平顺。不符合要求时,减1~2分。

(2)沟底不得有杂物。不符合要求时,减1~2分。

五、砌体挡土墙质量验收标准

1. 砌体挡土墙,当平均墙高小于6m或墙身面积小于1 200m^{2}时,每处可作为分项工程进行评定;当平均墙高达到或超过6m且墙身面积不小于1 200m^{2}时,为大型挡土墙,每处应作为分部工程进行评定。

2. 基本要求

(1)石料或混凝土预制块的质量和规格应符合有关规范和设计要求。

(2)砂浆所用的水泥、砂、水的质量应符合有关规范的要求,按规定的配合比施工。

(3)地基承载力必须满足设计要求。

(4)砌筑应分层错缝。浆砌时坐浆挤紧,嵌填饱满密实,不得有空洞;干砌时不得松动、叠砌和浮塞。

(5)沉降缝、泄水孔、反滤层的设置位置、质量和数量应符合设计要求。

3. 实测项目

砌体检查项目、允许偏差及检查方法见表6-4。

砌体挡土墙实测项目 表6-4

项次	检 查 项 目		规定值或允许偏差	检查方法和频率	权值
1Δ	砂浆强度(MPa)		在合格标准内	按规定方法检查	3
2	平面位置(mm)		50	经纬仪:每20m检查墙顶外边线3点	1
3	顶面高程(mm)		±20	水准仪:每20m检查1点	1
4	竖直度或坡度(%)		0.5	吊垂线:每20m检查2点	1
5Δ	断面尺寸(mm)		不小于设计	尺量:每20m量2个断面	3
6	底面高程(mm)		±50	水准仪:每20检查1点	1
7	表面平整度(mm)	块石	20	2m直尺:每20m检查3处,每处检查竖直和墙长两个方向	1
		片石	30		
		混凝土块、料石	10		

4. 外观鉴定

(1)砌体表面平整,砌缝完好、无开裂现象,勾缝平顺、无脱落现象。

(2)泄水孔坡度向外,无堵塞现象。

(3)沉降缝整齐垂直,上下贯通。

六、抗滑桩质量验收标准

1. 基本要求

(1)混凝土所用的水泥、砂、石、水和外掺剂的质量和规格,必须符合设计和有关规范的要求,按规定的配合比施工。

(2)施工中应核对滑动面的位置,如图纸与实际位置有出入,应变更抗滑桩的深度。

(3)做好桩区地面截、排水及防渗工作,孔口地面上应加筑适当高度的围埝。

2. 实测项目

抗滑桩的检查项目、允许偏差和检查方法见表6-5。

抗滑桩实测项目 表6-5

项次	检查项目		规定值或允许偏差	检查方法和频率	权值
1Δ	混凝土强度(MPa)		在合格标准内	按规定方法检查	3
2Δ	桩长(m)		不小于设计	测量绳:每桩测量	2
3Δ	孔径或断面尺寸(mm)		不小于设计	探孔器:每桩测量	2
4	桩位(mm)		100	经纬仪:每桩测量	1
5	竖直度	钻孔桩	1%桩长,且不大于500	测壁仪或吊垂线:每桩检查	1
		挖孔桩	0.5%桩长,且不大于200	吊垂线:每桩检查	
6	钢筋骨架底面高程(mm)		±50	水准仪:测每桩骨架顶面高程后反算	1

七、挖方边坡锚喷防护质量验收标准

1. 基本要求

(1)锚杆、钢筋和土工格栅的强度、数量、质量和规格必须符合设计和有关规范的要求。

(2)混凝土及砂浆所用的水泥、砂、石、水和外掺剂必须符合有关规范的要求,按规定的配合比施工。

(3)边坡坡度、坡面应符合设计要求。岩面应无风化、无浮石,喷射前必须用水冲洗。

(4)钢筋应清除污锈,钢筋网与锚杆或其他锚固装置连接牢固,喷射时钢筋不得晃动。

(5)锚杆插入锚孔深度不得小于设计长度的95%,孔内砂浆应密实、饱满。

(6)喷射前应做好排水设施,对漏水的空洞、缝隙应采用堵水措施,确保支护质量。

(7)钢筋、土工格栅或锚杆不得外露,混凝土不得开裂脱落。

2. 实测项目

锚喷防护的检查项目、允许偏差和检查方法见表6-6。

锚喷防护实测项目 表6-6

项次	检查项目	规定值或允许偏差	检查方法和频率	权值
1Δ	混凝土强度(MPa)	在合格标准内	按规定方法检查	3
2	砂浆强度(MPa)	在合格标准内	按规定方法检查	3

续上表

项　次	检 查 项 目	规定值或允许偏差	检查方法和频率	权值
3	锚孔深度(mm)	不小于设计	尺量:抽查10%	1
4	锚杆(索)间距(mm)	±100	尺量:抽查10%	1
5Δ	锚杆拔力(kn)	拔力平均值≥设计值,最小拔力≥0.9设计值	拔力试验:锚杆数1%,且不少于3根	3
6	喷层厚度(mm)	平均厚≥设计厚;60%检查点的厚度≥设计厚;最小厚度≥0.5设计厚,且不小于设计规定	尺量(凿孔)或雷达断面仪:每10m检查1个断面,每3m检查1点	2
7Δ	锚索张拉应力(MPa)	符合设计要求	油压表:每索由读数反算	3
8	张拉伸长率(%)	符合设计规定;设计未规定时采用±6	尺量:每索	2
9	断丝、滑丝数	每束1根,且每断面不超过钢丝总数的1%	目测:逐根(束)检查	2

注:实际工程中未涉及的项目不参与评定。

3. 外观鉴定

混凝土表面密实,不得有突变;与原表面结合紧密,不应起鼓。

八、砌石工程验收标准

1. 基本要求

(1)石料的质量和规格及砂浆所用材料的质量和规格应符合设计要求,按规定的配合比施工。

(2)砌块应错缝砌筑、相互咬紧;浆砌时砌块应坐浆挤紧,嵌缝后砂浆饱满,无空洞现象;干砌时不松动,无叠砌和浮塞现象。

2. 实测项目

浆砌砌体的检查项目、允许偏差和检查方法见表6-7。

浆砌砌体实测项目　　表6-7

项　次	检 查 项 目		规定值或允许偏差	检查方法和频率	权值
1Δ	砂浆强度(MPa)		在合格标准内	按规定方法检查	3
2	顶面高程(mm)	料、块石	±15	水准仪:每20m检查3点	1
		片石	±20		
3	竖直度或坡度	料、块石	0.3%	吊垂线:每20m检查3点	2
		片石	0.5%		
4Δ	断面尺寸(mm)	料石	±20	尺量:每20m检查2处	2
		块石	±30		
		片石	±50		
5	表面平整度(mm)	料石	10	2m直尺:每20m检查5处×3尺	2
		块石	20		
		片石	30		

干砌砌体的检查项目、允许偏差和检查方法见表6-8。

干砌砌体实测项目 表6-8

项次	检查项目	规定值或允许偏差	检查方法和频率	权值
1	顶面高程(mm)	±30	水准仪:每20m检查3点	1
2	外形尺寸(mm)	±100	尺量:每20m或自然段,长宽各3处	2
3Δ	厚度(mm)	±50	尺量:每20m检查3处	3
4	表面平整度(mm)	50	2m直尺:每20m检查5处×3尺	2

3. 外观鉴定

(1)砌体边缘直顺,外露表面平整。不符合要求时减1~3分。

(2)勾缝平顺,缝宽均匀,无脱落现象。不符合要求时减1~3分。

九、导流工程验收标准

1. 基本要求

(1)所用材料的质量和规格应符合有关规定。

(2)导流堤(坝)的基础埋置深度及地基承载力应符合设计要求。

2. 实测项目

导流工程的检查项目、允许偏差和检查方法见表6-9。

导流工程实测项目 表6-9

项次	检查项目		规定值或允许偏差	检查方法和频率	权值
1Δ	砂浆强度(MPa)		在合格标准内	按规定方法检查	3
2	平面位置(mm)		30	经纬仪:按设计图控制坐标检查	2
3	长度(mm)		不小于设计长度-100	尺量:每个检查	1
4Δ	断面尺寸(mm)		不小于设计	尺量:检查5处	2
5	高程(mm)	基底	不大于设计	水准仪:检查5点	2
		顶面	±30		

3. 外观鉴定

表面规整,线条直顺,曲线圆滑。不符合要求时减1~3分。

十、石笼防护验收标准

1. 基本要求

(1)所用材料的质量和规格应符合有关规定。

(2)铁丝笼的网眼尺寸应符合设计要求。

(3)石笼的坐码或平铺应符合设计要求。

2. 实测项目

石笼防护的检查项目、允许偏差和检查方法见表6-10。

石笼防护实测项目 表6-10

项次	检查项目	规定值或允许偏差	检查方法和频率	权值
1	平面位置(mm)	符合设计要求	经纬仪:按设计图纸控制坐标检查	1
2	长度(mm)	不小于设计长度-300	尺量:每个(段)检查	1

续上表

项　次	检 查 项 目	规定值或允许偏差	检查方法和频率	权值
3	宽度(mm)	不小于设计长度-200	尺量:每个(段)量5处	1
4	高度(mm)	不小于设计	水准仪或尺量:每个(段)检查5处	1
5	底面高程(mm)	不高于设计	水准仪:每个(段)检查5点	1

复习思考题

1. 为什么要进行路基整修?
2. 如何对路基顶面表层进行整修?
3. 如何对路基边坡进行整修?
4. 如何对路基排水系统进行整修?
5. 什么时间对路基进行中间检查?
6. 路基施工质量验收内容可分为几类?

参 考 文 献

[1] 中华人民共和国行业标准. 公路路基施工技术规范(JTG F10-2006). 北京:人民交通出版社,2006.

[2] 中华人民共和国行业标准. 公路桥涵施工技术规范(JTG 041-2000). 北京:人民交通出版社,2000.

[3] 中华人民共和国行业标准. 公路工程质量评定标准(JTG 071-98). 北京:人民交通出版社,1998.

[4] 刘吉士,阎洪河. 公路路基施工技术. 北京:人民交通出版社,2003.

[5] 王书斌, 杜群乐. 公路路基施工要点与质量控制. 北京:人民交通出版社,2005.

[6]《高速公路丛书》编写委员会编. 高速公路路基设计与施工. 北京:人民交通出版社,2000.

[7] 张林洪,吴华金. 公路排水设施施工手册. 北京:人民交通出版社,2005.

[8] 罗竟,邓廷权. 路基工程现场施工技术. 北京:人民交通出版社,2006.

[9] 中交第一公路工程局有限公司主编. 公路路基施工技术规范. 北京:人民交通出版社,2006(11).

[10] 交通部公路科学研究所主编,公路工程质量检验评定标准、第1册、土建工程,北京:人民交通出版社,2004(11).

[11] 王书斌,杜群乐. 公路路基施工要点与质量控制. 北京:人民交通出版社,2004(12).

[12] 赵明阶,何光春,王多根. 边坡工程处治技术. 北京:人民交通出版社,2003(9).

[13] 鲍明伟. 路基工程. 北京:人民交通出版社,2005(1).

[14] 殷永高,屠筱北. 公路地基处理. 北京:人民交通出版社,2002(11).

[15] 李上红. 公路工程施工常见地质病害处治技术. 北京:人民交通出版社,2004(4).

[16] 黄生文. 公路工程地基处理手册. 北京:人民交通出版社,2005(6).

[17] 白双信. 黄土地区高速公路施工新技术. 北京:人民交通出版社,2001(4).